透視教養！

從案例到測試，解

實例引導與自測問卷，
探究有效的親子溝通與教養

Perspective
On upbringing

方佳蓉，肖光畔 編著

【結合真實案例，直面教養中的挑戰】

◎自測問卷助你自我反思，改善教養方式
◎家庭教育全面指南，打造健康家庭環境
◎實用策略與溝通技巧，促進親子關係和諧

探討問題父母行為，
洞察家庭教育所帶來
的影響

目錄

目錄

第七章　父母必備知識

目錄

前言

　　家庭教育與學校教育是一個問題的兩面，兩者是相輔相成、不可分割的。隨著現代科技的發展，人們越來越意識到家庭教育在整個教育體系中的重要性。因為它不但在人生最為關鍵的階段充當著主體角色，而且父母對子女教育的影響是伴隨終生的。

　　古人云：「近朱者赤，近墨者黑。」有什麼樣的父母，就可能會有什麼樣的孩子。如此看來，父母的個人修養與品格就彰顯出舉足輕重的作用，因為這是家庭教育的核心與主軸。如果父母深諳兒童的心理變化特點，懂得現代教育的理念與方法，那麼其教育出來的下一代也許並不一定會成為英才，但相對於無此條件或條件次之的小孩，其機率要大得多。

　　有鑑於此，我們特地編寫了這本家庭實用讀本，書中針對現實社會中存在的「問題父母」類型，逐一進行了深入的分析和總結，明確指出了家庭教育的三大盲點，即是思想盲點、行為盲點、語言盲點。明確了盲點的所在，作者又針對性的提出了解決的辦法。

　　文中「成功父母經驗談」更是為廣大父母提供了有益的參考方式。另外，本書值得一提的一個亮點是：作者特別提出了青少年教育中的敏感話題，由專家指點，針對具體實例給予了解決方法。

　　總之，本書的故事性與實用性達到了完美和諧的統一，對正處於傍徨中的父母親讀者有很強的現實參考意義。

 前言

第一章　天使為何成了惡魔

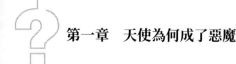

第一章　天使為何成了惡魔

　　每一個孩子剛生下來時都是天使，但隨著年齡的增長，有些昔日天真可愛的天使卻變成了殘忍可怕的惡魔。於是，我們不禁要問：「天使為什麼會變成惡魔？究竟是誰讓天使變成了惡魔呢？」

　　「一個做父親的人，當他生養了孩子的時候，還只不過是完成了他的任務的三分之一而已。他對人類有生育的義務；他對社會有培養合群的人的義務；他對國家有造就公民的義務。凡是能夠償付這三重債務而不償付的人，就是有罪的，要是他只償付一半的話，他的罪還要更大一些。不能藉口貧困、工作或人的尊敬而免除親自教養孩子的責任。凡是有深情厚愛之心的人，如果他忽視了這些如此神聖的職責，他將因為自己的錯誤而流許多辛酸的眼淚，而且永遠也不能從哭泣中得到安慰。」——盧梭

一、問題父母的幾種「症狀」

　　有人說：「每一個問題孩子的背後，都有一對問題父母。」

　　中國自古就有「子不孝，父之過；女不賢，母之錯」的訓言，一旦孩子出了問題，便將矛頭指向父母，不是怨其過分溺愛孩子，培育出溫室的花朵；不然就是責其揠苗助長，將孩子看成盛裝知識的容器，忽視了孩子的人格教育、情感薰陶……然而，一味的指責不是解決問題的良方，透視問題父母的心靈深處，或許能找到問題的癥結所在，對症下藥才有可能解決問題。因此，欲救孩子，還是先救孩子的父母吧！

症狀之一：憂慮

　　調查發現：百分之七十的夫婦認為「沒有孩子就不能稱其為家」，百分之九十的夫婦認為由於雙方都十分疼愛孩子，這種情感自然的就表現為

「父母一切圍著孩子轉」，孩子成了父母聯絡、加深感情及調節整個家庭氣氛的紐帶。他們整日憂心忡忡，怕孩子學壞，怕孩子生病，更怕孩子成不了大器……使家庭籠罩在沉悶、緊張的氣氛中。而「溺愛孩子」和「對孩子進行過度教育」就是父母這種憂慮心態的折射。他們一方面精心為孩子營造「愛巢」，讓孩子過著養尊處優的生活；另一方面加大教育力度，希望孩子能「成龍成鳳」。一旦溺愛與過度教育達不到預期的效果，付出與收穫的巨大反差常會導致父母嚴重的心理失衡，甚至痛不欲生。

症狀之二：補償

凡是作父母的，對於自己沒能實現的願望，潛意識之中都希望孩子能夠實現，這就是所謂的「補償心理」。在補償心理的支配下，父母往往就會按照自己的主觀願望來塑造孩子。對於多子女家庭，父母的期望是由多個孩子來分擔的，但在獨生子女家庭，父母的高期望只能由孩子一人承擔。從下面的資料中，對家長望子成龍的迫切心情，可以略見一斑。教育研究報告中顯示：百分之五十七點八的家長要求孩子「樣樣爭第一」；百分之七十八的家長希望孩子能達到大學以上的學歷，只有百分之十八的家長認為「能讀到什麼程度就讀到什麼程度」；對於孩子的職業，百分之九十二的家長希望孩子從事腦力勞動，只有百分之五的家長希望孩子從事體力勞動。父母對孩子如此高的期望值在行為上就表現為：不惜一切代價，盲目為孩子進行智力投資。父母情願自己節衣縮食，也要為孩子購買昂貴的「學習用具」、「智力玩具」、「課外讀物」以及各種補品等等；送孩子進各種才藝班，譬如美術班、音樂班、心算班等；為了孩子能夠進入明星學校，父母費盡心機走各種「門路」，甚至不惜重金的請客送禮。他們拚命的給予孩子，力求為孩子創造一個最佳的生活空間。給予孩子的越

多，父母的期望值就越大，然而過高的期望只能是奢望，父母難免要咀嚼失望的痛苦。

症狀之三：比較

與周遭的孩子互相比較，也給家長造成了沉重的壓力，往往使其情感處於失控狀態，很難理智的控制自己的情感。例如，某小學任教的三個女教師的孩子都在同一班，每逢考試時，三位母親都要親臨考場指揮自己的孩子，一個說：「孩子，別緊張！慢慢答。」另一個說：「孩子你會不會細心一點？」第三位則說：「孩子，這次一定要考出你的真實水準來。」看來父母的緊張程度絕不亞於孩子。一旦考試結果公布，有的父母洋洋得意，有的父母則垂頭喪氣，其中滋味外人實在難以體會。成績冊上的排名、家長會上的冷嘲熱諷、同學們的歧視常使成績較差學生的家長感到非常難堪。例如在一次家長會上，教師聲色俱厲的訓戒成績較差的學生：「考出這樣的成績，按理就該挨打，你們這些作家長的看著辦吧！」結果不少家長一時情感失控，一邊打罵自己的孩子，一邊流淚訴說：「孩子啊！你為什麼這麼不爭氣呢？」一句話道出了父母無限的辛酸和無奈。

症狀之四：離異

在商品經濟浪潮的衝擊下，人們的價值觀念、慾望需求、人際關係等發生了急劇的變化，離婚率呈逐年上升的趨勢。據一項調查結果表明：當今的離婚率比一九八〇年代初上升了百分之二十以上。孩子是父母離婚大戰中的直接受害者，目前的社會各界都在呼籲要做好離異家庭子女的心理健康教育工作。毫無疑問，輕率的離婚是對孩子的不負責任，應該受到社會輿論的譴責。但離異後，雙方受到的心靈創傷和育兒的艱辛卻很少引起

人們的關注和同情，這可以說是當今社會的一個盲點。離異後帶著孩子的一方為了給孩子撐起一片綠蔭，那種既當爸又當媽的滋味是常人難以想像的。為了孩子的溫飽、安全和發展，他們費盡了心機，怕孩子受歧視、遭欺負，憐憫孩子已失去的父愛或母愛，於是他們加倍的給予和付出，盡量去撫平孩子心靈的創傷，甚至有的怕委屈了孩子而不願再婚，獨自承受著輿論的壓力和感情的煎熬。

當然離異者由於過大的心理壓力，其感情不穩定，極易出現兩極化。一方面可能對孩子更加溺愛，另一方面也可能在潛意識中，把孩子視為前夫或前妻的影子，將離異歸咎到孩子身上，使孩子成為無辜的受害者。

二、測驗：你是問題父母嗎？

據媒體報導，去年某國中做了一次問卷調查。問卷上提了五個問題：你認為父母理解你嗎？你有苦惱和困惑會對誰講？你認為最不能容忍父母的是什麼？當你的考試成績不理想時，父母會如何看待？你最想對父母說的話是什麼？一共有三十名國中一年級的學生接受了問卷調查。問卷調查的結果令人深思。大多數學生都詳細回答了「當你的考試成績不理想時，父母會如何看待？」這一問題。超過半數的家長不能客觀的看待孩子的學習成績，哪怕只是孩子的偶然失誤，也不能原諒。一位學生寫道：「如果我考試成績不理想，被爸爸媽媽知道了後，他們肯定會陰沉著臉，這對我自尊心的殺傷力是百分之一百！」還有位學生寫道：「我最不能容忍父母對我藐視的態度，每當那時候我就想對他們說，你們有沒有考慮過我的自尊心？你們以為我不想考好嗎？」問卷表明了，很多學生覺得父母過於在意他們的學習成績，給他們帶來了巨大壓力。一位學生的話很有代表性：「今

第一章　天使為何成了惡魔

天的成績只能代表今天，如果這次考得不好，我自己也會有緊迫感。」絕大多數孩子盼望父母能尊重他們。

　　在回答「最不能容忍父母的是什麼？」這一問題時，很多孩子寫道：「不能容忍父母太多的嘮叨。」一位學生寫道：「我的父母總是把我當成還沒有長大的小孩子，不管什麼事，他們總要沒完沒了的嘮叨。父母愛嘮叨，其實是對我不信任。請你們不要把說過的話重複好幾遍，這樣我覺得很煩。」另一位學生對父母私自拆開他的信件表示不滿，「我很生氣，我已經長大了，父母應該尊重我的私人空間。」還有一個比較極端的例子，一位學生寫道，當父母自己心情不好時，就拿他來發洩。「他們罵我是條狗。他們這樣說我，深深的刺傷了我的心。」父母的理解勝過一切，幾乎所有接受問卷調查的學生都對父母在生活上無微不至的關愛表示了感激。但有不少孩子提出，光有關愛是不夠的，父母對他們的理解比什麼都重要。不少學生認為，父母對他們不理解，有「代溝」。一位學生寫道：「我一旦有了苦惱和困惑，便無處可說，我只好默默的對自己說。」還有一位學生寫道：「在我遇到困難和挫折的時候，多麼希望父母像我的朋友一樣勸慰我。但是，這是不可能做到的啊！」另一位學生可能說得比較極端：「他們（父母）根本不了解我。我已經長大了，內心世界也逐漸變得複雜了，可他們還把我當成三歲小孩『騙』，他們根本不懂『理解』兩個字的含義！」這名學生接著寫道：「我不會相信任何人，不會！我會把苦惱怨恨對自己傾訴，像一塊海綿慢慢吸收掉。」這字裡行間所表達出來的與父母的隔閡、孩子的苦悶程度，令人十分擔憂。

　　那麼，你是問題父母嗎？你想不想知道自己在家庭教育方面做得如何？請你來做一個小測驗。

　　下面的要求，如果你總是能做到，每項得二分；如果偶爾能做到，每項得一分；如果沒做到，即得零分；最後把你所得的分數加起來。總分如果能超過四十分，那你就基本上是一個合格家長。如果達不到這個分數，你就很可能是問題父母，需要認真思考你的教育方法了。

父母自測項目：

（一）經常和孩子討論各種問題。	
（二）家中的事徵求孩子的意見。	
（三）不在別人面前數落孩子。	
（四）對孩子問的「為什麼？」知之為知之，不知就承認，然後再一起去解決。	
（五）每天都有和孩子在一起談話的時間。	
（六）每天都給孩子自由活動的時間。	
（七）知道孩子喜歡什麼。	
（八）當別人指出孩子的缺點時，不護短。	
（九）當孩子遇到失敗的時候，不潑冷水。	
（十）讓孩子承擔力所能及的家務勞動。	
（十一）無論任何時候都對孩子滿懷希望。	
（十二）批評孩子時，允許他辯解與反駁。	
（十三）孩子認為在家裡很快樂。	
（十四）對孩子主動做的事，即使失敗了，也認為是值得的。	
（十五）讓孩子自己檢查作業。	
（十六）不對孩子說：「你看人家，每次都比你強」。	
（十七）不對孩子說：「就你笨，什麼都不會」。	
（十八）不命令孩子，給他選擇的機會。	
（十九）不和孩子算總帳。	

(二十) 不打罵孩子。	
(二十一) 經常鼓勵孩子。	
(二十二) 孩子有話對自己說的時候，不管多忙也要耐心聽。	
(二十三) 對孩子許諾過的事，說到做到。	
(二十四) 歡迎孩子的朋友來家裡玩。	
(二十五) 注意孩子的情緒變化。	
(二十六) 經常過問孩子的學習情況。	
(二十七) 與學校、教師保持經常聯繫。	
(二十八) 不在孩子面前說老師的壞話。	
(二十九) 不在孩子面前爭吵。	
(三十) 如果自己有了錯誤，能向孩子承認。	

另外，您一定很想知道自己究竟是怎樣的父母，下面這一組測驗也許能給您一些幫助：

父親類型測試

下面的三十個句子都是關於父親的描寫，由子女來做判斷，在覺得與父親貼切的句子後面打「O」，不貼切的打「×」。這個測試主要由子女來評判父親，所以應讓子女自己作答，子女如有弄不懂的地方可以由母親說明。當然，父親也可以自己試答，看看自己的評判跟子女的評判有無差異。

問題：

(一) 父親不高興時，會立刻表現出來。	
(二) 父親出差時，一定買禮物回來送給家人。	
(三) 全家人常常一起出去旅行。	

（四）父親不專心聽子女描述學校發生的事。	
（五）父親即使回家也埋頭於工作。	
（六）父親喜歡一邊吃飯一邊看手機。	
（七）小時候父親常幫自己洗澡。	
（八）父親常看電視。	
（九）父親很健忘，答應的事情一下子就忘了。	
（十）沒有特別的嗜好。	
（十一）喝酒時酒品很好。	
（十二）會特地買子女喜歡的食物回來。	
（十三）父親容易與人熟識。	
（十四）熱衷於自己喜歡的事。	
（十五）父親時常進修，看許多與工作有關的書。	
（十六）臨時發生事情時，父親讓人覺得可以信賴。	
（十七）成績進步時，父親就像他自己的事一樣高興。	
（十八）在人前若無其事的放屁。	
（十九）不太想去參加「家長學校會」一類的活動。	
（二十）總是很匆忙的吃早飯。	
（二十一）頑固的不聽別人的意見。	
（二十二）總是不忘帶生日禮物回來。	
（二十三）吃飯時喜歡講笑話。	
（二十四）跟父親要零用錢時，他會立刻給錢。	
（二十五）即使喝醉酒也不會亂吐。	
（二十六）很善於交際應酬。	
（二十七）子女稍微發燒，就會很擔心的帶去看醫生。	
（二十八）外出時記得關門。	
（二十九）非常清楚哪一家的東西好吃。	

(三十) 不擅長唱歌。	

評定：

　　以上各題答「O」的記二分，答「×」的記一分。將各題的分數記下。然後對照下表合計從 A 類型到 E 類型各對應題號的分數。其中最高的得分類型就是在子女眼中父親的類型。

　　A 類型總分：(一)、(六)、(十一)、(十六)、(二十一)、(二十六) 題的
　　　　　　　　得分相加。
　　B 類型總分：(二)、(七)、(十二)、(十七)、(二十二)、(二十七) 題的
　　　　　　　　得分相加。
　　C 類型總分：(三)、(八)、(十三)、(十八)、(二十三)、(二十八) 題的
　　　　　　　　得分相加。
　　D 類型總分：(四)、(九)、(十四)、(十九)、(二十四)、(二十九) 題的
　　　　　　　　得分相加。
　　E 類型總分：(五)、(十)、(十五)、(二十)、(二十五)、(三十) 題的
　　　　　　　　得分相加。

　　講解：

　　A 脾氣暴躁型：在家庭中這個父親是一個大男子主義的丈夫，即使坐著不動也會大聲的發號施令，指揮東指揮西。「怎麼沒有菸灰缸！」稍微拿慢了，就會被大聲斥責。子女覺得父親很可怕，父親對子女很嚴厲，子女不聽話就大聲斥責，有時甚至會打孩子耳光。父親也會嚴於律己，因為他事事追求完美，所以也很嚴厲的要求子女。因此，子女會因為趕不上父親的成就而感到恐懼，但當臨時發生事情時也會想依靠父親來解決。父親

應多想想「孩子也是朋友」，才有助於子女的成長。

B 溺愛型：在家庭中這個父親非常溺愛子女，甚至比母親更照顧子女，是一個體貼的父親，在子女還小時可能會常常幫他們洗澡。子女也認為父親體貼人善解人意，只要被母親責罵就立刻向父親求助，所以常向父親撒嬌，只要父親一回家就纏著父親不放。父親應該具備豐富的親情，但如果太溫和而失去父親應有的威嚴的話，在子女小時候雖然是子女很好的玩伴，但當子女長大時會因缺乏威嚴而使男孩子在性格上發生偏差。

C 家庭型：在家庭中這個父親非常活潑開放，是一個不拘小節、了解子女想法的父親，也是家裡的開心果。父親把家庭生活看得非常重要，也常帶子女出遊，常跟子女溝通，此外，全家人常常出去吃飯、旅行，把家庭生活的美滿看得比任何事都重要。所以，家庭中充滿了和諧的氣氛，使子女能悠閒自在的成長。子女也理解父親是為了全家人而勤奮的工作，由衷的感謝父親。但是，光有體貼是不夠的，有時也應多少表現出父親的威嚴。

D 不關心型：在家裡這個父親很少主動做子女的玩伴，子女也不太理會父親。父親本來就不喜歡子女，對子女的事情感到不耐煩，或者不干涉子女，讓其自由發展。而子女卻會因父親的漠不關心而感到寂寞。家庭是由雙親及子女構成的。請這類父親對子女多付出一些關心。不然的話，父親就影響了家人的和諧，會造成子女發展上不良的影響。所以，父親應該多滿足子女精神上對父愛的需要，多關心子女。

E 工作狂型：在家庭中這個父親把工作當成生活目標而努力的工作，子女也覺得父親是一個工作狂。出差次數多，平常也工作到很晚才回家，這些已經讓子女覺得很嚴重了，而這個父親只要為了公事就不顧家人，更

第一章 天使為何成了惡魔

讓子女永遠感到不滿和寂寞。對工作的責任感固然無可非議，但忽視子女是做父親的失職，應該適當緩解工作的緊張，並創造機會跟家人一起活動。透過這些活動增進與子女的聯繫，讓子女更充分的了解父親。這樣才有益於子女的發展。

母親類型測試

下面是一個題表，請您以（一）為起點，選擇「是」或「不是」，並前進到箭頭指定的序號題目，請以直覺很快作答，不必多想。以此類推直到最後。最後面的從 A 到 E 就是您所屬的類型。當然，也不妨由子女作答，來看看結果是否相吻合，以作為參照。

題目：

（一）可以用的東西也丟掉
是→（六）
不是→（三）
（二）盡量讓子女聽好的音樂
是→（九）
不是→（六）
（三）曾因太早下結論而錯怪子女
是→（十）
不是→（五）
（四）盡量自己動手做子女的衣服
是→（八）
不是→（二）

（五）不厭其煩的教導子女禮儀

是→（七）

不是→（四）

（六）當子女央求時就多給一點零用錢

是→（十二）

不是→（十三）

（七）事情不完美就覺得不滿意

是→ B

不是→（十四）

（八）沒辦法一天不看連續劇

是→（十）

不是→（十一）

（九）對子女的就學問題比別人都熱心

是→（十一）

不是→（十二）

（十）全家旅行時像小孩子一樣高興

是→（十四）

不是→（九）

（十一）不喜歡跟鄰居一起說長道短

是→（十七）

不是→（十八）

（十二）喜歡外出

是→（十六）

不是→（七）

（十三）仔細的計算家庭收入

是→（二十）

不是→（十六）

（十四）看起來比實際年齡年輕

是→（十八）

不是→（十九）

（十五）覺得胖點也不錯，所以喜歡吃甜食

不是→（十一）

（十六）非常清楚子女學校老師的名字

是→（二十）

不是→（二十一）

（十七）熱心參加子女的社交活動

是→（二十一）

不是→（二十五）

（十八）熱愛鍛鍊身體

是→（二十四）

不是→（二十二）

（十九）常講子女小時候的事

是→（二十二）

不是→（二十三）

（二十）子女哭時常大聲的叫他不要哭

是→（二十五）

不是→（十九）

（二十一）在家時常穿寬鬆的休閒衣服

是→（二十六）

不是→（二十七）

（二十二）輕鬆的答應別人委託的事

是→（二十八）

不是→（二十九）

（二十三）常用電話聊天

是→（三十）

不是→（二十四）

（二十四）常借書回來看

是→（二十七）

不是→（二十六）

（二十五）子女遲歸的話心裡很焦急

是→（二十九）

不是→（三十）

（二十六）常和子女一起玩

是→B

（二十七）非常在意子女的成績

是→D

不是→A

（二十八）喜歡烹調

是→A

不是→C

（二十九）非常注意子女的桌上是否保持整潔

是→C

不是→A

（三十）忙的時候就會從飯店買飯吃

是→E

不是→D

評定：

A 媽媽型：

您是所謂的賢妻良母，無論對什麼事都謙讓體貼，壓抑自己來替家庭著想，對丈夫和子女盡心盡力，在平靜中閃耀您的賢慧，在子女眼中也是一位值得尊敬的母親。對子女淘氣的行為十分了解，並能巧妙的營造出使子女自由發展的環境。但是，也有其保守的一面。為了充分了解子女，跟子女一起去玩，增進彼此的情感是必要的。

B 朋友型：

您懂得活潑與幽默，能以輕鬆的口氣與子女交談，跟子女相處總是像朋友一樣，可以算是現代感十足的母親。您會跟子女一起逛街購物、一起旅行，可以從中感受到青春的活力，這是使您保持更年輕的秘訣。另外，心直口快不背後論人是非的您，更是和平家庭的原動力。但是，由於太過自由的教養子女，多多少少會使您缺少一些母親的威嚴，這一點必須注意。

C 放任型：

您把享受自己的生活看得比教育子女還重要，並且有「子女是子女，父母是父母」的強烈想法。不太干涉子女的事，並認為功課應該是學校負責的事。不限制子女，或許還認為讓子女自由自在才是最好的。由於子女不依靠父母全靠自己做事，所以不會有特別的問題。但對子女而言，沒有什麼比母親的親情更重要的了。希望您能多關心子女一些。

D 教育型：

您雖然不喜歡從外表來評價一個人，但卻有讓子女進入一流的大學及一流企業的心願。只要是為了子女，粉身碎骨也在所不辭。熱衷於做一種事情是非常好的一種精神，但是，如果太熱衷於教養子女而使子女感到有壓迫感就不好了。或許，您和您的丈夫都很優秀，但希望您不要壓迫子女的個性，應使他們能自由發展。

E 焦躁型：

您是一個一絲不苟的人，不管做什麼事只要有一點瑕疵就不能讓您滿意。子女只要沒照您的意思做，就會馬上焦躁不安，甚至於歇斯底里。因為要求子女的行為及禮貌一絲不苟，以致子女無法大大方方自由自在的活動。對子女要求嚴格自然不錯，但過於追求完美，就難有好心情，結果不僅影響了子女，也影響了自己。

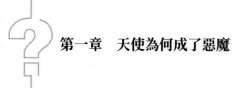

第一章　天使為何成了惡魔

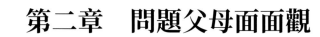

第二章　問題父母面面觀

溺愛型父母

　　法國教育家盧梭曾說：「你知道用什麼辦法一定可以使你的孩子成為不幸的人嗎？這個辦法就是對他百依百順。」然而，生活中溺愛子女的現象卻十分普遍，尤其是隨著物質生活水準的提高和家庭漸漸少子化，許多家庭表現為讓孩子在家庭中處於特殊的地位加以保護。孩子成了中心人物，甚至於對孩子的任性、驕橫的行為也採取了百依百順的態度，好吃的讓孩子獨食，該讓孩子做的事父母卻承包代辦了。這其實是缺乏教育孩子的社會責任感，沒有把孩子看成是社會的成員，只將其看成是自己的骨肉。對任何可能引起孩子痛苦、患病、死亡或其他任何變故的因素家長都感到恐懼，因而過分滿足孩子的任何需要，生活上過分的優待孩子，經濟上過多的偏重孩子，結果讓這種無原則的愛使孩子變得任性自大、自私刁蠻、事事依賴，甚至在溺愛變成縱容後使孩子走上犯罪的道路。

（一）溺愛使孩子不求上進，荒廢學業。

　　女孩柳麗，父母對她百般寵愛、過度照料，年幼時就一切如願以償，已習慣於滿足、順利。等到上學後，在學習上稍遇到一點困就受不了，回家哭喪著臉亂發脾氣，令父母感到心疼。為此，父母代勞一切。每天的家庭作業不會做的，由父母代筆完成；在學校受到一點委屈，父母就出面交涉；遇到考試不及格時，父母找關係說情。漸漸的，女孩不僅情感上脆弱，而且學習缺乏毅力。最終女孩輟學回家，無所事事。

　　柳麗的家長是一種俯首甘為「為子孫做牛做馬」式的家長，對子女只是一味的溺愛嬌慣，言聽計從，百依百順，其結果是在不知不覺中使孩子養成一種特殊心理和行為方式。這樣的孩子只知道心安理得的享受著父母

所提供的一切。父母的忘我工作，他們都不知道；父母的辛勤勞動，他們不參加；父母的血汗，他們不知珍惜。至於國家的前途、人類的命運，似乎都與他們毫無關係。

在這種家庭中，父母只是一味的滿足孩子的需要。衣來伸手、飯來張口，要星星不敢摘月亮，從不讓孩子經受任何困難和磨練。導致有的孩子上了大學還不會洗衣服。這樣的家庭教育方法，從教育策略的觀點看，將會壓抑孩子的自然發展，導致兒童缺乏克制心理和控制慾望的能力，使孩子從小就具有的適應性和獨立性，逐漸衰退並變成麻木不仁的依賴性，嚴重妨礙了兒童聰明才智的發揮，削弱了兒童對社會的責任感。

對此，教育學家馬卡連柯非常痛心的指出：「人們常說，因我是母親，我是父親，所以，一切都應『讓給』孩子，為孩子犧牲一切，甚至包括自己的幸福。這實際上是父母送給子女的最可怕的『禮物』。這種可怕的『禮物』可以用來打個比方，如果你想毒死你的孩子，你就讓他們毫無節制的享受你們所提供的幸福，不用多久，他們將會是世界上最壞的父母，最壞的教育者。」

（二）溺愛使孩子依賴父母，不能自立。

很多小學或國中低年級的教室裡，在傍晚放學以後，都常能看到拿著掃把、抹布的爺爺、奶奶在替自己的孫兒、孫女打掃教室，而他們的孫兒、孫女們卻站在一旁看著或在教室外面玩；星期天，高中住校學生的宿舍裡，也常常有專程來為兒子洗衣服、疊被子的母親；指考的考場外，總有很多家長拿著吃的、喝的站在那裡等著。有人曾問過那些家長，為什麼替孩子值日？家長回答：怕孩子太累、做不了。有人曾問過那些學生為什麼讓媽媽來為自己洗衣服、整理床鋪？回答是媽媽說他們洗不乾淨，媽媽

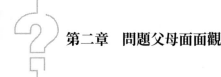

來幫忙可以讓他們把時間都花在學習上。一位考場外的家長曾對別人說：「我女兒說，我站在這裡，她考試時心裡會踏實一些。」看看這些溺愛孩子的家長，幾乎包攬了孩子的一切，可是他們不能卻替代孩子的未來，不能替孩子去生活。正是家長怕影響孩子學習，家務事不讓孩子沾邊，連孩子自己的事也一手包辦的做法，養成了孩子飯來張口、衣來伸手、一切要別人伺候的壞習慣。可是孩子不會永遠躺在媽媽的懷抱裡，當孩子長大後走向社會，當孩子必須脫離家庭、自己照顧自己的時候，當孩子必須獨立思考、對人生中的難題作出選擇的時候，缺乏勞動鍛鍊和獨立意識的孩子就會在心理上產生無法應對的壓力。

（三）溺愛使孩子蠻橫無禮，缺乏教養。

孩子從三歲以後，自我意識發展很快，已具有自我評價的能力，個性也已基本形成。對人、對己、對事、對物開始形成一些比較穩定的態度。在道德判斷方面，帶有一定程度的情緒性和受暗示性。只要是成人的行為，就認為是對的，還會加以模仿；只要成人說好的，自己覺得有興趣的，就認為是好的，否則就是壞的。這種可塑性很大時期，對孩子的教育至關重要。不良的教育必將影響到孩子自我意識和道德意識的發展，最終導致個性差異。過度的溺愛往往使孩子目無尊長、缺乏禮貌、任性自傲、自私自利，不知道回報父母的愛，心中只有自己。

一個孩子從小非常喜歡吃烤雞。家長儘管手頭不寬裕，也總是千方百計的從生活費中擠出錢買烤雞給他吃。每次吃烤雞，雞腿、雞翅、雞胸肉，全部是孩子自己獨吃，剩下的才歸父母。長期以來，孩子習慣於這種吃法了。一次媽媽生病，爸爸就拿了一隻雞腿給媽媽吃。放學後，孩子見烤雞的腿少了一隻，竟然大發雷霆，與爸爸大吵了一場，說雞腿應該是他

的，只能他自己吃，媽媽不該吃雞腿。

志剛的父母都是上班族，由奶奶一手把他帶大的。這一天是奶奶的六十大壽，志剛的爸爸媽媽早早就到了奶奶家，爸爸為奶奶買了一個大生日蛋糕，並準備了豐盛的酒席。志剛的姑姑、舅舅、阿姨們也都遠道而來。由於二姨、三姑住得遠，還沒有到，志剛要切蛋糕吃，媽媽、姑姑都去哄，說等一會兒二姨、三姑一到，馬上切蛋糕。但大家怎麼哄也不行，志剛非要切蛋糕吃。最後奶奶求志剛說：「我養了你十多年，你能不能等一會兒，等你三姑來了馬上就切蛋糕！」可志剛還是不依不饒，竟一巴掌把生日蛋糕打翻在地，說：「現在不讓我吃，你們誰也別吃！」志剛爸爸氣得過來打志剛，志剛就坐在地上又哭又鬧，一場生日宴，搞得一塌糊塗。被父母、爺爺、奶奶溺愛的孩子，從小就被「慣壞」了，他們心中只有自己而沒有他人，甚至沒有自己的父母和長輩。他們只知道獲取，沒有付出，只有被愛、被關懷，而不知道去愛父母與長輩，更談不上去關心他人。他們對父母的愛麻木不仁，認為這是應該的，是天經地義的，也不知道要回報接收到的愛。愛是一種深刻的理解和感受，父母對子女的愛具有本能、盲目的成分；而子女對父母的愛，從本質上來講，是一種社會情感，不單單取決於血緣關係，還在於教育和學習。溺愛中長大的孩子，處在父母乃至長輩愛的氛圍中，是愛的承受者，更是過了頭的愛 —— 溺愛的承受者，只有接受愛，而沒想到對父母愛的回報，造成孩子以我為中心，對周圍的世界冷漠無情。

（四）溺愛使孩子形成「蛋殼心理」。

心理學家將在封閉式環境中養成的個性十足、爭強好勝、看似強硬，然而一觸即潰，似蛋殼狀的畸形心理，稱為「蛋殼心理」。家長的溺愛、

第二章　問題父母面面觀

嬌寵是形成「蛋殼心理」的主要原因。隨著獨生子女的不斷增多,許多家長視子女為掌上明珠,凡事百依百順,任意遷就。溺愛的結果使孩子形成了一種只能唯我、不能利他,只能至上、不能俯就的畸形心理。「蛋殼心理」的一大特點便是容易造成事故與釀成悲劇。一位十二歲的男孩,要買一件不太實用、價格又貴的玩具遭到拒絕後,便將父母給的五百元零用錢剪得粉碎。父親打了他一巴掌,他一氣之下喝下了一瓶標有「骷髏」圖形貼紙的有毒藥水。另一位十三歲的女孩,因貪玩而成績直線下降,遭到母親嚴厲的責罵,被她認為是難以忍受的奇恥大辱,於是她一咬牙吞下了九十多粒安眠藥。

從社會發展看,一方面,物質生活的不斷豐富,為青少年的「蛋殼心理」提供了肥沃的土壤;另一方面,「蛋殼心理」與社會發展所需要的獨立、果斷、勇敢、自信等個性越來越不相容。例如:父母的期望越來越高,子女的心理承受能力卻越來越差。一旦發生激烈衝撞,如指考失敗等,稍稍加以指責,便容易釀成悲劇。

溺愛會造成子女的人格缺陷。據兒童行為研究室的調查,三千名在家長過度溺愛下長大的四到五歲兒童中,百分之八十八的兒童有打架、罵人的不良習慣,百分之十一的兒童情緒憂鬱自卑,百分之五十八的兒童遇事焦慮緊張,約有百分之二十的兒童過動、坐立不安,百分之二十五的兒童偏食,百分之二十二的兒童脾氣古怪。另一項調查也表明:百分之六十九的兒童存在著輕重程度不一的腦力功能失調、注意力缺損、性格偏差、智力低下、精神活動受阻等心理障礙症狀。這些都直接影響孩子的正常成長,尤其是由於這些因素的影響,致使孩子難以正常的完成學習任務,影響了學業。

（五）溺愛使孩子為所欲為，導致失足犯罪。

父母對孩子的盲目溺愛，不僅有礙於孩子思想意識、品格習慣、身體狀況等方面的發展，而且助長了孩子行為上的隨意性，使孩子從小毫無約束、無法無天、想做什麼就做什麼，或是惹事生非、傷害別人，或是被壞人壞事引誘，違法亂紀，造成悲劇。

根據一項調查表明，在青少年犯罪中，由於家庭因素的影響，父母打罵導致子女犯罪的比例占第一位，而由於父母溺愛而發展為犯罪的比例占第二位。根據一所學校的調查：在工讀生中，百分之八十的孩子失足是因為父母寵愛驕縱所致。趙某是家中的獨生子，是家裡的小皇帝，他就是由於父母的過度溺愛、嬌慣而逐步走上犯罪道路的。趙某每天放學後，其父親就帶著他逛街、上餐廳吃飯，要什麼，其父就買什麼給他。他六歲就學會了亂花錢，要多少零用錢，家長就給他多少。小學三年級開始抽菸，老師將情況反映給家長，他父親竟說：「只要不犯別的事，抽點菸有什麼！」他剛懂事，父母就囑咐他：「你打人家沒關係，打傷了，我們給他醫藥費，但人家打你就不行。」因為有了這個「後盾」支持，他打起架來，又凶又狠，被鄰居稱為「小土匪」，後來因觸犯法律被關進了監獄。

小波生長在比較優越的家庭中，祖父母對孫子寄予厚望，要他好好學習，成為全家第一個博士生，既可為家庭爭光，還可為自己爭取好前途。祖母特別大方：只要成績好，要什麼有什麼，花多少錢都可以；父親以自己經商的經驗開導兒子：沒有知識在外做事，是要吃大虧的；母親則一心保證兒子的學習時間：只要好好讀書什麼也不要你做，我累死也心甘情願。長輩們的願望是良好的，但在方法上，不惜花費錢財投資，不顧孩子成長的其他品格教育，一味順從孩子。結果使小波產生了特殊的優越感，

在家如同小皇帝一般，口袋裡裝滿零用錢，還學會了抽菸、賭博、打架。結果不但沒心思學習，考試不及格，留級還沒人要。他乾脆不進校門，和一幫哥兒們玩樂，最後成了小偷被抓，一家人的希望成為泡影。

一對中年夫婦，年過三十才結婚，中年得子，歡喜無比，將孩子當作心肝寶貝，事事依著他、嬌慣他。孩子特別淘氣、任性、貪吃貪玩。讀小學時，父母給的零用錢不夠花，就開始東偷西偷，打架鬥毆；讀國中時，竟發展到了盜竊行兇。

那麼倍受溺愛的孩子，是否就對家長滿意呢？答案可能是出人意料的，尤其會令那些百般嬌寵孩子的父母震驚。在一項對國中畢業生進行的調查中，有一道題目是：你最討厭的人是誰？竟有不少學生回答是自己的父母。這些家長幾乎痛心疾首，深感委屈與感傷。自己日日夜夜為兒女操碎了心，春去秋來，年復一年，為孩子準備一日三餐、四季穿戴，到頭來落了個「最討厭的人」。自己委屈還是小事，再這樣下去，誤了孩子的前程更嚴重。這難道不該給父母很好反思嗎？只有愛得恰當，愛得理智，使自己成為孩子可親、可敬、可愛的人，你的教育才會有影響力，你的願望才可能在孩子身上有所體現。

如果您家有一個學齡前兒童，這裡我向您推薦一份問卷看看您的教育方式是否正確，真心希望您的孩子不要成為家中的「小皇帝」。

1. 您的孩子能自己洗手帕嗎？
2. 您的孩子會自己洗臉嗎？
3. 您的孩子能把自己的玩具、故事書等收拾整理好嗎？
4. 當您的孩子提出要求，若遭到拒絕時會怎樣？
5. 您的孩子白天敢獨自在房間裡待著嗎？

6. 您的孩子晚上敢獨自去房間裡拿東西嗎？

7. 您的孩子在跌了一跤時會怎樣？

8. 您的孩子在遊戲中遇到失敗時（例如積木搭不成功或玩具壞了）會怎樣？

9. 您覺得您的孩子對人有禮貌嗎？

10. 您的孩子合群嗎？

11. 您的孩子與小朋友們玩時能謙讓別人嗎？

12. 您的孩子在家裡聽大人的話嗎？

13. 您的孩子會在大人不讓他做什麼時，他偏要做嗎？

14. 您的孩子能堅持到把一件事做完為止嗎？

15. 您覺得您的孩子無論做什麼事都很有信心嗎？

16. 您的孩子做一件事時喜歡與別人一起做嗎？

17. 您的孩子平時做事時有主張嗎？

18. 您覺得您的孩子大膽嗎？

19. 您的孩子與別的孩子一起玩時愛當領導者嗎？

20. 您的孩子常與別人打架嗎？

21. 您的孩子在家常毀壞玩具、故事書等東西嗎？

粗暴型父母

　　許多人一旦為人父母，或許是因為自己小時受過棍棒教育，深有體驗，覺得只有此方法可行；或許是因為自己缺乏育兒常識，無從著手，覺得非此法無從管教；又或許是因為自己性格脾氣暴躁，難以自控，覺得以此訓子理所當然。於是，墨守成規，採用強硬專制的手段，濫施家長的權

威。孩子尚小，不聽話者，罵之；孩子闖禍，不懂事者，打之；孩子成績下降，不及格者，罰之。這些家長總以為，如此嚴厲的管教，定能教育好子女。殊不知，採用動輒打罵體罰的野蠻兇狠態度對待孩子，其結果必然適得其反。

從心理學角度講，高壓之下，性格倔強的孩子，經常表現出頑強的抵抗意識，對父母產生對立情緒，並在父母粗暴態度影響下，變得性情暴躁，行為粗野；性格怯懦的孩子，則會產生恐懼心理，表現出軟弱的順從意識，在父母面前畏畏縮縮，膽小怕事；富有靈性的孩子，則會用欺騙和撒謊的手段，來對付父母的訓斥，達到免受打罵的目的，從而，變得年少虛偽，失去童真。早在一九三十年代，魯迅在《在上海的兒童》一文中就對長期沿襲的粗暴家庭教育方法提出嚴厲的批評：「終日給以冷遇或呵斥，甚而至於打撲，使孩子畏葸退縮，仿佛一個奴才，一個傀儡，然而父母卻美其名曰『聽話』，自以為是教育的成功，待到放他（指孩子）到外面來，則如暫出樊籠的小禽，他決不會飛鳴，也不會跳躍。」

有的父母打孩子純粹是自己心情不快的宣洩。孩子做了同樣一件錯事，他們高興時視而不見，不聞不問；不高興時就大發雷霆，痛打一頓，將孩子當成出氣筒，這是對孩子人權的侵犯。這種態度，好比發現孩子染上了污泥，就把他扔入大海，這會淹沒孩子克服缺點的勇氣及上進的自信心。這種情況，不言而喻便知是極端錯誤的。但更多的父母打孩子是恨鐵不成鋼，是為了孩子「好」。

孩子在成長發育過程中，會遇到無數從未遇到過的事物，而他們自己還缺乏健全的思維能力，做出一些蠢事、錯事，都是十分自然的，有時學習達不到要求也是難以避免的。因為他們還小，更加需要幫助。做父母的

就有必要、有責任耐心的向他們講道理，仔細的說清楚什麼是對，什麼是錯，為什麼應該這樣做，不可以那樣做。孩子需要不斷的從父母那裡得到幫助與教育。

如果家長長期抱著「恨鐵不成鋼」的思想，時刻提防子女變壞，只要孩子稍有不當之處，便不問情由，棍棒交加，訓斥責罵，勢必遭到孩子對家長濫用權力的反抗，其表現形式主要有：文過飾非，弄虛作假，甚至表現出對家長的敵意。有時，因為家長的行為在孩子幼小的心靈上造成不好的影響，孩子也照此辦理，用以回敬家長和他人，因此導致叛逆心理。更有害的是：有些孩子被家長殘酷的「征服」以後，便陷入無所作為的盲從境地。孩子的許多寶貴個性品質，如活潑的天性、廣泛的興趣、強烈的求知慾望、可貴的自尊心、自信心以及獨創精神，也將隨之被毀滅，其智力的發展必將受阻，有的孩子表現出膽小、多愁、孤僻、遇事猶豫和退縮，嚴重的還會導致心理變態。

心理學家曾用動物做過這樣一次實驗：把同一胎生的兩隻羊羔放在不同的條件下餵養，其中一頭羊羔自由放養，另一頭羊羔關在籠子裡餵養，並在籠子的外面拴上一隻狼，讓這頭羊羔總是感到自己面前有一個可怕的威脅。籠養的羊羔本能的處於極度恐懼狀態，不敢吃東西，逐漸瘦弱下來，不久就死了。而另一隻羊，由於沒有狼的威脅，沒有這類恐懼情緒的體驗，所以長得很健壯。人也是一樣，當人的感情上受到壓抑，精神上處於緊張狀態時，易導致胃潰瘍、神經衰弱、心率不整等疾病發生。人只有在愉快的環境中學習生活，智力才能得到充分的發揮，身心才能健康。

（一）粗暴導致親子關係疏遠、感情隔閡。

一個高中畢業的學生在回憶他小時候經常遭到母親的毒打時說：「我

小時候經常挨母親的狠打。一次在學校當值日生，打掃衛生，天黑才回家。進門一看母親怒氣沖沖的臉，就知道大事不好。沒等我說話，母親一把拉過我，按在凳子上掄起棍子就打，也不問原因，不讓我辯解，不准我哭。打完了，我就鑽進被窩睡覺。摸著火辣辣的屁股，耿耿於懷的想：『我回來晚了，就這麼打我，我要是死了，看你以後打誰去（我是遺腹子，母親總怕我長大後管不了我）。』我想像著我自殺後母親大哭著來抱我，她遭到許多鄰居的譴責，都說是她的毒打逼得兒子自殺了；我還想像著母親年紀老邁的時候依然孤苦伶仃的，無人侍奉，她一定在後悔。這是她應得的懲罰。」對未成年的孩子來說，產生這種報復母親的心理，是多麼可怕呀！由此可見粗暴打罵、體罰會對孩子的情感產生深深的刺激，使孩子覺得父母不可親近，對父母漸漸疏遠、冷漠，甚至看不起、仇視父母。這些孩子不可能對父母說心裡話，久而久之，他們也就不會相信人間有真情了。

（二）粗暴使孩子誤入歧途。

孩子因為怕挨打，當面不為，背後為之；做了說沒做，陽奉陰違；當面守規矩，背後搗亂等，長此以往將形成孩子的不良品德。

一個上國一的男孩偶爾去網咖玩遊戲、聊天，玩著玩著就忘了時間，一看錶已是深夜。他害怕被父親打，跑到河邊不敢回家，閒逛了好久，最後還是回去了。一進家門父親就是一頓狠揍，把掃帚都打斷了。結果孩子寧可忍著痛，就是不肯說自己去了什麼地方，讓父母毫無辦法。

常挨父母打罵的孩子，在外面常常會欺侮比他小的孩子，長大後也往往對人粗暴無理。因為家長在用棍棒教育孩子「學好」的同時，卻已經為孩子樹立了粗暴待人的「榜樣」。有一位哲人說過：「在愛中長大的孩子，

學會仁慈；在皮鞭下長大的孩子，只會產生仇恨。」經常挨揍的孩子，只能有兩種結果，一種是因為怕被揍而成為馴服的羔羊，變成沒有個性，只有奴性的奴才；另一種是激發了他們的叛逆心理，變成桀驁不馴、破壞性很強的人。

某市對五百多名六至十二歲兒童的家教情況進行調查，發現百分之六十七的兒童常受到父母打罵。某小學學生考試不及格者或成績不理想的，百分之十九的人要受到不同程度的懲罰。學生中百分之八十的人挨過父母打罵。而在該市已判決的四千一百五十五名犯罪青少年中，家庭教育以打罵為主的占百分之三十四點五。

對四百零八名少年罪犯進行分析，發現棍棒教育之下的少年犯罪率較高。四百零八人中百分之八十四是受過棍棒管教的，其中常挨母親打的有四十八人，常挨父親打的有一百五十六人，同時挨父母打的有一百四十一人。這就說明了棍棒之下孩子的犯罪率的確有所提高。

一名十六歲的盜竊犯，在回憶他如何走上犯罪道路時曾說：「父母動不動就打我，成績差了要打，被老師告狀要打，與別人吵架要打。我挨打的次數無從記起，家裡的皮帶、繩子、板子、凳子，什麼順手爸媽就用什麼打。有一次他們用皮帶抽打了我一百多下，我遍體鱗傷。有時打完了還要罰跪，不准睡覺。後來我經常逃家，想到外面尋找溫暖，沒錢就想辦法偷，又結交了一些壞朋友，最後落到犯罪坐牢的地步。」

孩子沒有天生的犯罪因子，只是因為小時候沒有受到很好的引導、教育。孩子犯錯不幫助其糾正，只是一味的打罵體罰，造成孩子走上歧途。正如英國哲學家、教育家洛克所言：「在我們所接觸的人中，十之之九都是因為所受的教育不同而成為好人和壞人的，教育造成了人與人之間的

差別。」

（三）粗暴導致孩子失去自信悲觀厭世。

打罵孩子，使孩子一時表面服從，但心裡反感，甚至也學著如此對待別人。用這種方法，不但不能把孩子教育好，反而損傷了孩子的自尊心，養成自卑、膽小、孤僻、撒謊等不正常的性格。

打罵會嚴重傷害孩子的自尊心。家長在大打出手前，必定咬牙切齒，目露凶光，呲牙裂嘴，這種兇神惡煞的面孔，加上絕對權威的態勢，這一切已然是對孩子感情上的踐踏，挨打則更是人格上的凌辱。當孩子挨打連都不在乎時，羞恥心便蕩然無存，留下的只是憎恨、對抗，變得粗暴，乃至變得殘忍了。

隨著年齡的增長，孩子需要得到父母對他的尊重和信任，這種精神上的需要若能得到滿足，就會產生積極的姿態去接受父母的教育，否則，就會心情壓抑，消極以待。所以，父母的正面鼓勵，會引導孩子自我意識的發展，形成自強的個性。而父母的粗暴態度，則會傷害孩子的自尊心，阻礙智慧的開發。據美國教育家的研究，體罰會減低孩子的認知能力，影響他們的智力發展。測驗證明，經常挨打的孩子的認知能力，普遍低於一般孩子。挨打或受其他形式體罰的次數越多，孩子在智力測驗中的得分就越少。

有的父母，見到孩子調皮、撒野、不聽話，就亂下定論：三歲看大，七歲看老，少時成性，習慣成自然；有的父母，對孩子期望過高，但又缺乏具體的教導，一看成績單上的紅字，就火冒三丈：「笨蛋！」、「考不好還有臉見人！」這般責罵孩子；有的父母，當孩子闖禍，犯了罪後，就翻臉不認人：「我沒有你這個孽種！」把孩子趕出家門。孩子在自己最信賴

的父母面前，受到如此冷落，就會產生自卑感，厭倦學習，失去上進的勇氣和信心。輕者，會自暴自棄，破罐子破摔；重者，則悲觀厭世，甚至輕生。曾有一名十三歲的男孩因學習成績一直無法提高經常受到父母的打罵，於是悲觀失望，一天上午竟偷偷喝下農藥。姐姐發現後告訴父母，並立即送他到了醫院，但為時已晚。

【相關案例】

粗暴釀成的家庭悲劇

一個傍晚，剛剛返家的國中女教師黃玉清，聽丈夫說七歲的女兒梅梅在家裡偷了錢，隨手就給梅梅兩個耳光。這僅僅是暴力的開始。黃玉清又衝進廚房，拿出一根四十公分長的棍子，朝女兒身上猛打，直到木棍斷了才住手。接著是腳踢、罰跪、罰站，直到夜裡十點鐘。

深夜，黃玉清又將梅梅從床上拽起來，推進廚房，讓她跪在小板凳上。黃玉清似乎瘋了，天剛亮，拳打腳踢又開始了，並惡狠狠的咬女兒的手、下巴和胳膊。

這些似乎都無法消除她心中的怒氣，黃玉清又用帆布皮帶勒住梅梅的脖子，用膠帶綑住女兒的雙手，並找來塑膠繩，將梅梅懸空吊在臥室門上。

直到最後，梅梅不再動彈了，她的呼吸和心跳也停止了。

魯莽、粗暴、急躁，是人類性格修養不成熟、不完善、不文明的部分，也是一個人在舊有的道德意識支配下，表現出來的有害於他人和社會的缺乏道德修養的行為方式。沒有任何人會喜歡這種野蠻的性格，孩子們也不例外。可以毫不誇張的說，百分之百的孩子都不喜歡父母們總是擺出尊長者的架式教訓他們。不管表面上顯得多麼「溫順」、「孝敬」、「畏懼」，

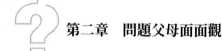

內心都是不快和抵觸的。隨著封建意識的日減，民主意識的日增，孩子對父母粗暴行為的反感還會越來越多。終日扮演強制性角色的父母，是最不成熟、最不合格的一類父母。這種父母若不盡早盡快的糾正自己的心理欠缺，克服粗暴行為，子女們在感情上是不會接受他們的。

　　有的父母性情粗暴，不但表現在責罵上，還有常見的，也是孩子難以從思想上接受的，就是稍不遂意就非要叫孩子當場承認自己的錯誤：「是不是這麼一回事？」孩子必須立即答：「是。」「有沒有這麼一回事？」孩子必須迅速答「有。」要是答得慢一點，後果就不堪設想。有的父母，因為孩子未能當場痛快的回答其質問，一點小事就滿屋、滿街追著孩子吵、罵、打，有的孩子由於性格孤僻，寧肯叫粗暴的父母打死，竟然一聲不吭的站在那裡不動。這種性格進一步激化了父母的火氣，緊接著的便是更激烈的毒打，情境實在慘不忍睹。有知識水準的父母應該明白，粗暴的態度和壓制的方法比孩子們的錯誤性質還要嚴重得多，更令人痛心得多。

　　教育子女主要是透過不同的形式和內容，啟迪和教育孩子們求知的好奇心、上進心，讓他們自然健康的發展。只有這樣，才會啟發人的積極性、主動性。粗暴的、生硬的、歇斯底里的強迫孩子，只會招致孩子們的反感。孔子曰：「鞭撲之子，不從父之教。」這話是有一定道理的。請父母們相信，被鞭子打過的孩子，是不會聽從父母的教導的。棒下出孝子的觀點是錯誤的、有害的。在孩子面前不要放不下唯我獨尊的架子。遇事野蠻、粗暴除了表明了自己沒文化、沒教養、沒水準、沒本事、素養差以外，絲毫解決不了其他問題。這種行為只能引起孩子來自思想深處的反感，且傷害很難癒合。

　　有社會科學研究員透過對二千多名未成年犯和一千多名普通未成年

人調查資料的分析比較後發現，家庭暴力是未成年人產生不良行為的催化劑。

該對未成年犯調查顯示，在犯罪前，當他們出現某些不良行為時，常常不可避免的受到父母打罵。家庭暴力給他們帶來的不僅是皮肉之苦，更多的是心靈的創傷和行為的扭曲。調查結果表明，在家庭中父母若經常打罵孩子，會帶給孩子一系列負面的影響：

一是加劇了不良行為的產生。調查中，當詢問未成年犯「家裡人對你怎麼樣？」選擇「經常打罵」的有百分之十六點一。相關分析表明，被家裡人「經常打罵」的孩子，有不良行為的比例高於沒有選擇被家人「經常打罵」的孩子。事實上，打罵孩子不僅沒有制止反而加劇了孩子的不良行為。

二是加劇了親子衝突。父母打罵孩子的直接後果，不僅使得未成年人承受皮肉之痛，更嚴重的問題是使他們對父母產生排斥心理，並成為「離家出走」的直接原因。調查表明，未成年犯離家出走，有一半以上與父母打罵和責備有關，其中百分之六十五是「父母無緣無故打罵」，百分之二十七點五是「自己犯錯誤怕父母責備」，百分之十七點七是「自己犯錯誤被父母打罵」。

三是經常在父母的打罵中生活的孩子，極易產生不良的性格特徵。調查中，當問及未成年犯「你認為自己性格有何特點？」與「家裡人對你怎麼樣？」兩組資料的相關分析表明，在家裡被「經常打罵」的孩子不良性格特點最為明顯：有百分之二十五點七的孩子「自卑」；有百分之二二點一的孩子「冷酷」；有百分之五十六點五的孩子「暴躁」。性格暴躁是未成年人犯罪的內在動因，而父母的打罵則是未成年人產生不良性格的重

要根源。

　　四是父母的暴力行為成為孩子的攻擊性示範。兒童具有強烈的模仿他人行為的傾向。家庭成員，尤其是父母，是年幼的孩子最早模仿的對象，而且父母在孩子心目中越是重要、權威性越強，孩子模仿得越厲害。若孩子長期受到父母打罵，就會模仿父母的懲罰性行為，學會粗暴、打鬥、殘酷，並按照父母的這種示範來攻擊別人。

　　現代社會，家庭中對孩子施以暴力的惡果早已被清楚的認識到了，但是多少年來依然屢禁不止。而且，隨著父母對子女期望值的「攀升」，對子女管教的「重視」，以及孩子的「反抗意識」增強等原因，還有越演越烈之勢。儘管一些法律也規定了兒童有生命權、身體權、健康權、身體自由權等基本權利，但非到打孩子致死、致傷、致殘等觸犯刑律的情況下，父母很難受到法律的制裁。因此，矯治孩子的不良行為必須從改變父母的教育方式入手。

袒護型父母

　　袒護是指對孩子錯誤的思想行為，無原則的支持和保護。也許有些人會表示異議，每一個父母都期望子女健康成長，明知子女有錯，怎麼會不加以制止呢？其實，父母對子女的袒護，往往是出於自私和狹隘的偏見心理。有的父母，因為自己的無知，過分的相信子女的所作所為，武斷的認為：自己的孩子不可能犯錯或犯罪，而竭盡全力為其開脫；有的父母，因貪圖虛榮，把子女的錯誤或罪行看成是對自己名譽地位的一種「威脅」，不惜一切利用權力和關係替其遮錯蓋醜，以保護自己的面子；有的父母，自己心態不正，分享了孩子的非法所得，自然而然的為其辯護圓場；有

的父母，傳統觀念太深，怕子女所犯之罪受到法律制裁，斷了家族「香火」，所以付出了代價去祖護。然而，不管出於什麼動機，不管在什麼情形之下，孩子有錯，不及時加以批評指正，不與學校、社會配合加以引導教育，只會使孩子錯上加錯，在歧途上越走越遠。

一、祖護使孩子混淆是非，養癰遺患。

孩子由於涉世有限，閱歷浮淺，知識貧乏，對事物的認知和判斷能力較差，不能很好的調節和控制自己的行為，往往養成各式各樣的壞習慣，惹出大大小小的麻煩。而孩子對自己的行為又是缺乏意識、不辨優劣的。因此，父母的態度和評價，在孩子心中會形成一種是非標準。有時我們可以看到這樣的鏡頭：當孩子受到別人指責時，會不服氣的回擊：「我爸媽 都不管，你管得著嗎？」所以，父母對子女的不良行為，絕不能姑息遷就。否則，孩提時代形成的是非觀念，會影響人的一生，不良的品質和習慣一旦養成，是難以彌補和糾正的。

二、祖護使孩子有恃無恐，積重難返。

孩子第一次犯錯都會有恐懼和後悔的心理，會擔心家長怎麼看待自己，怎麼處理自己。這種情況下，如果家長能給予重視，加以嚴肅的批評、教育，指出危害，孩子就會有後悔心理，並由此認識錯誤，產生痛恨自己的不良行為的意識，從而迷途知返。但如果孩子這次得到父母的祖護，就會有第二次，第三次……就越錯越深，甚至越錯越理直氣壯，最後由量變到質變，積重難返了。

 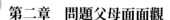

三、祖護使孩子目無法紀，膽大妄為。

作為父母，祖護自己的孩子都是因為骨肉之情的緣故。沒有人願意讓孩子去犯錯或犯罪。祖護子女缺點和錯誤的父母，往往是法制觀念淡薄者，常常會低估法律的威力，孩子則因為有父母的「護身符」，更加膽大妄為。

陳姓夫婦生有一子，是個調皮的孩子。因丈夫在外工作，每逢週末才回家一次，母親帶著兒子與祖母一起生活。祖母格外疼愛孫子，對兒媳嚴格管教兒子總要橫加干涉，甚至與兒媳反目為仇。但有一點是一致的，即孩子被人欺負或者孩子欺負別人，人家告狀上門時，會同心齊力的護著自己的孩子。每當其父親回家管教兒子時，婆媳倆會一起責怪他不近情理，難得回家還不放過孩子。孩子就是憑藉著祖母和母親的保護傘，不服父親的管教。在兒時吵架打人是小事，稍大還一點學會抽菸、喝酒，學業跟不上，小學連留二級，整天閒逛在外，不是偷東西，就是賭博。

一般來說，孩子受到父母的祖護會滋長一種優越感，在同學、其他小朋友面前稱王稱霸。男孩子動不動就伸出小拳頭，欺負同學，動起武來像在械鬥；女孩子不如意時就潑辣不講理。一些父母對此不但不批評，反而以為現在都是獨生子女，孩子強一點在外就不會受人欺負，心裡反而有一絲寬慰。漸漸長大的孩子仗著有父母撐腰，對自己的行為也就無所顧忌，即使做了損害別人的事，也毫不感到羞愧，以至於目無法紀，終成無賴或罪犯。我們經常在電影、電視裡看到高舉保護傘的罪人。父母是「大人物」，慣於以權謀私，子女則從小就感到優越感，認為自己血統高貴，因而目中無人，為所欲為。

放任型父母

　　對子女放任自流，很少管教，在教育子女問題上沒有明確的目標，全憑孩子自由發展。他們放鬆對子女各方面的教育，很少過問子女的學習，生活上也較少關心，孩子品德上出現的不良萌芽也常常被忽視，子女猶如一棵自生自長的小樹，長直了還是長歪了他們都不去操心。一旦孩子在成長中真的出了偏差，父母又苦於沒有好的方法，只能實施打罵體罰。調查中我們發現，凡是喜歡打罵孩子的父母，不完全是嚴厲型的，放任型的家長也不少。

　　放任型的家長一般由三類人構成：

　　第一類是所謂的「工作狂」。他們過於專注於自己的工作或社交活動，完全無暇顧及孩子的教育，甚至連一些純消遣性的應酬也被擺在了子女的教育之上。這實在是一個不能原諒的過失。

　　第二類是一些文化程度較低，又缺少家教意識的體力勞動者家長。他們對孩子的衣食住行尚能予以關照，但對子女的教育卻是心有餘而力不足。他們對自己的責任定位相當明確：把孩子養大是我的事，而教育孩子成才是學校和社會的事。所以，他們既不對孩子的前途抱很高的期望，也不存在焦慮與失望，對孩子的學業成績、思想品德、心理健康都表現得比較麻木。

　　第三類是一些沒有資格教育孩子的家長。他們自身本就劣跡斑斑，或是放蕩不羈，或是玩世不恭，或是遊戲人生，孩子對於他們只是盡法律規定的撫養義務，他們既沒有能力，也沒有興致考慮孩子的教育問題，有時甚至連孩子的一日三餐都料理不好，常常是給錢就把孩子給打發了。在放任型的家庭教養方式下，孩子由於得不到必須的教育指導，常常更容易受

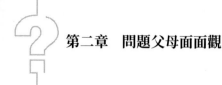

到同伴團體、社區環境的影響，染之蒼則蒼、染之黃則黃，向何種方向發展的機率往往難以估計。

我們痛心的看到，很多科學家、發明家、高級工程師因忙於科學研究，忽視了對子女的教育和關心，結果孩子荒廢了學業，遺傳的高智商也終成為平庸之輩。如果這些家長能分出部分時間和精力來關心和培養教育他們的孩子，那麼這些孩子中很多也會像父母一樣成為文學家、藝術家、自然科學家。令人痛心的是很多父母為了有生之年能成就事業，或者能成為富翁，不顧一切的拋下孩子去遠方，有的甚至跨出國門，讓孩子寄宿他處。這種不正常的家庭生活，影響了孩子的智力發展，耽誤了學業。美國心理學家班傑明·布盧姆認為，五歲前是智力發展最為迅速的時期，從四歲起就約有一生的百分之五十的智力，其餘的百分之三十是在四歲到八歲之間獲得的，最後的百分之二十是在八歲至十七歲獲得的，人的智力總量的四分之三在他小學三年級前就具備了。智力發展，主要在於以各種刺激，促使大腦各部位的功能逐漸完善和增強。學齡前兒童的潛在能力是巨大而驚人的。如果做父母的在其成長過程中不懂或不知孩子大腦潛力的存在，不注意及時運用適當的方法，加以訓練教育，兒童的潛在能力是不會自動的發揮出來的。這個階段兒童智力發展的水準和狀況將影響兒童入學後的學習與成長。

其次，放任容易使孩子墮落犯罪。孩子的成長，主要受兩方面因素影響：一是家庭和學校的教育；二是社會環境的影響。家庭是孩子接受教育的第一課堂，倘若做父母的放棄教育的權力和責任，那麼社會環境中的各種思潮、習氣會無孔不入的滲透到孩子的心靈，誘導孩子的行為。而孩子因無人關心管教，又缺乏辨別能力，就容易走上犯罪道路。

正值青春期早期的孩子，最需要父母像一個正直、善良、熱心的朋友，去幫助他們解答心中的困惑。這時的孩子對人生中的許多問題都有一些粗淺、不穩定的認識，因而也最容易胡思亂想。若家長放任不管，就不知道孩子在想什麼，看什麼書，交什麼樣的朋友。

一些孩子看了黃色淫穢書籍或色情影片，就模仿其情節，到社會上犯罪；一些孩子沉迷於武俠小說，或是受到暴力片的影響，就對打打殺殺越來越有興趣，甚至把俠肝義膽理解為哥們義氣，不分青紅皂白，為兄弟「兩肋插刀，有福同享，有難同當」。還有一些孩子交錯了朋友，結果跟著學壞。從一起稱兄道弟，一起不學習，違犯學校紀律，到一起抽菸、喝酒、賭博，甚至一起吸食毒品，一起偷一起搶，終成犯罪團體。

「老太婆這麼頑固，我要讓她成為啞巴。」這是一個十七歲高中女生在舉起鐵錘殺死外婆時的想法。

年僅十七歲，女高中生馮小佳正在緊張的準備期末考試，外婆在一旁看電視。電視裡傳出的嘈雜聲令人心煩意亂，根本無法靜心看書。於是她與外婆爭吵起來，外婆罵個不停，她一氣之下拿起鐵錘重重的砸在了外婆的後腦勺上，直到外婆斷了氣。然後，她又返回自己的房間，繼續複習功課到深夜。

第二天起床後，她去買來了兩隻大布袋，將外婆裝進布袋裡，然後把外婆的屍體塞到自己的床下面。接下來，她又在家裡伴著外婆的屍體複習了兩天的功課，第三日到學校參加了期末考試。

考試結束後，她感覺身上很冷，就找出了外婆的存摺，取出幾千元買了羽絨服等幾件衣服。她給在北部工作的父母打電話時，本打算把事情告訴父母，又想起春節快到了，別人家裡都高高興興的，如果爸爸媽媽知道

第二章 問題父母面面觀

這件事，這個年就過不成了，她還想與父母最後團聚一次。所以直到過完了年，父母送她回外婆家，發現外婆不在時，她才道出了事實的經過。父母聽到此事，猶如五雷轟頂，父親當晚就送女兒去當地派出所投案自首。

「爸爸，你不是一個稱職的父親。」這是女兒走時給爸爸的留言。

馮小佳的父親是鐵路部門的高級工程師。父母調職到北部時，當時馮小佳才八歲，用她父親的話說：「從孩子教育角度看，我們的家庭是一個較特殊、不如人意的環境。」父母因長期工作不穩定，使馮小佳從小就過著動盪的生活。她先後寄居過七個家，上了高中，外婆搬進了父親原部門的宿舍，與她一起生活，她平時住校，週末才回家休息。

馮小佳因為從小父母不在身邊，難以給她應有的照顧和溫暖。所以父母總是教育女兒要艱苦樸素，自己的事情自己做，培養獨立生活的能力。她也知道父母是為她好，但她對父母總是親近不起來。在讀國三時她曾離家出走，想找個人家收留她。今年秋天，她因忍受不了外婆的辱罵，曾氣得自殺未遂。在這動盪的七年裡，她壓抑了七年，心理失衡了七年，嚴重的憂鬱就這樣釀成了。

一位十五歲少年犯是一個獨生子，父母是工人，沒有什麼文化，但家庭生活比較富裕。他從小要什麼有什麼，說什麼是什麼。父親愛喝酒，幾乎天天喝，兒子則常常同桌吃下酒菜，有時也試著喝兩口酒，父親也不加以干涉，反而誇兒子「真行！」慢慢的，兒子七歲時就學會喝酒、花錢，父親有時甚至大方到讓他自己從口袋裡掏錢。於是，小小年紀，學會了請客吃飯、逛街。父母不但不阻止，竟說什麼：「我們家有錢，不讓他花讓誰花呢？」由於他出手大方，那些行為不良的同學就圍著他轉，他又學會了抽菸、賭博。他學壞後，學習成績下降，剛開始，因為老師的督促，父

母還會批評他幾句，幾次管不住兒子後，也就索性不管了。反而說什麼：
「將來當個工人，成績不好一樣會開機器。」導致兒子常常翹課，考試吃
「零分」，後來發展到偷盜、搶劫，終於被關進了監獄。

情緒型父母

　　情緒型父母是指父母在孩子面前喜怒無常，對孩子的管教時緊時鬆，
隨心所欲。這種家庭教育不僅不利於孩子思想的形成、意志的培養、個性
的發展，而且還會降低家長自身的威信，造成孩子思想上的混亂。情緒上
的不穩定，心理上的壓抑感，使孩子無所適從，形成孩子心靈的創傷。

一、父母的情緒影響自身的威信。

　　父母在孩子的心目中，有一種天然的威信。孩子來到世上，認識人類
的第一個形象，就是父母。等到初曉人事，第一個崇拜的偶像也是父母。
父母的話是真理，父母的行動是榜樣，父母的情緒具有強烈的感染力。如
果父母在孩子面前，不注意自己的言談舉止，對孩子的教育缺乏計畫性、
連貫性，一會兒要孩子這樣做，一會兒又要孩子那樣做，使孩子感到父母
說話不算數，他們就會採取可聽可不聽的態度，會抵制父母的正確要求。

二、父母的情緒造成孩子情緒緊張和性格偏差。

　　孩子與父母的交流，並非全部透過語言進行。父母的表情、態度、說
話的語氣、音調的高低，都會影響到孩子。孩子就是依賴這些影響獲得感
受，或高興、或疑惑、或憂鬱、或緊張、或得意、或失望等等。父母的情
緒波動，一旦傷害到孩子的自尊心，則對孩子的個性形成很不利。

第二章　問題父母面面觀

　　一些家長不知道自己的喜怒哀樂會引起孩子的情緒變化，不知道孩子的求知慾和上進心會因此消失殆盡，更不知道孩子的許多性格偏差是因為家長自己的隨心所欲而造成的。於是常常有家長在高興時，強迫孩子或哄孩子學這學那，接受各種訓練，煩惱時卻忘了孩子的一切需要和期待；一時心血來潮就對孩子關注太多，控制得也太嚴；一時心灰意冷時又放任不管。孩子也就隨著大人的情緒團團轉，失去了自主能力和自我意識，常常處於心神不定忐忑不安的心態之中，無心求知和上進。

　　孩子的性格發展定型，需要穩定的、持久的、系統的教育，才能達到完善。如果家長情緒變化無常，高興時對孩子親昵，將孩子當玩偶，舉在肩上跳舞；不高興時，又把孩子當成出氣筒，孩子就會在感受家長的情緒變化中產生高興、得意、驕傲、疑惑、憂鬱、緊張或失望等。於是有的孩子一不順心就大哭大叫，發脾氣摔東西，吵起架來膽子很大，一旦父母離開又非常怯懦，情緒不穩定，感情上脆弱。一些家長把在外面工作產生的怒氣帶回家，孩子不會察言觀色，順著自己的意志行事的話，家長正好將一腔怨氣全發洩到孩子身上，孩子必然精神緊張，行為膽怯。這類事要是時常發生，勢必形成孩子膽小、孤僻、內向和自卑的性格。

三、父母的情緒導致孩子走向極端。

　　孩子由於涉世不深，缺乏生活經驗，對事物分析能力和解決能力有限，往往憑藉父母的態度去判斷其正確與否。當來自父母的精神壓力過重時，會無力承受，悲觀失望，陷入絕境。

　　宇清的父母不和，經常吵架。一次父母大吵一場後，母親離家出走，幾天不歸。父親在外忙於奔波。一個家的擔子全落在八歲的宇清和十歲的姐姐身上。姐弟倆雖好學上進，但負擔太重了。那天中午，父親收工回

來，一臉怒氣，見飯菜未熟，便火冒三丈，把心中積聚的怒氣全發洩在兩個孩子身上。宇清一時受不了，悶哭一陣子之後，偷偷喝了農藥。不知情的父親見他不吭聲，以為在賭氣，又給了他一巴掌。等聞到農藥味，宇清已離開人世。

情緒型的教育，直接危害的事實也許不多，但它潛移默化的作用不亞於任何類型的錯誤教育法。人在成長過程中，耳聞目睹、親身體驗的東西，會深深的留下烙印。父母切不可輕視自己言行、神態的力量，否則，當孩子的心態、性格一旦受其影響出現偏差後，要想彌補就難乎其難了。

有的家長一心想把孩子教育好，但是沒有選擇合適的教育方法，感情用事，忽冷忽熱。心情不好時對孩子也沒有好臉色，嚴厲無情，即使一點小事也大動干戈，興師動眾；心情好了又對孩子和顏悅色，溺愛無比，孩子有什麼要求都充分滿足，弄得孩子無所適從。特別是一些夫妻愛吵架，經常拿孩子出氣，這是最不可取的。時間一久，家長說什麼孩子都乾脆不認真聽了。一旦家長的威信沒有了，教育孩子的效果就可想而知了。

家長教育孩子，一定要講理，講求方法。愛孩子要有分寸。例如，當孩子已經認識到錯誤時，就不應再批評或是懲罰他。

有個小孩，平時很調皮。一次，父母要打他時，他流淚求饒，父母卻照打不誤。後來，無論父母怎樣打他，他也不哭不喊，連眼淚也不流一滴，只是鐵青著臉，用滿是怨恨的雙眼瞪著父母。

美國幼兒教育家麥恩說：「當孩子流淚，並非是由於害怕懲罰，而是悔悟的時候，就不該去責罰他了。」事實上，不少父母，平時對孩子百依百順、但是，一旦孩子違反了自己的意願，或是表現不盡如人意的時候，便怒氣沖沖的，即使此時孩子淚流滿面，也照樣拳腳相向，沒有半點寬容

之意。當孩子明白在父母面前自己那悔悟的眼淚是沒有用的時候，也就不再流淚，但是心理上卻已經產生了叛逆。

丹麥童話文學家安徒生曾斷言：「百分之八十的罪犯來自那些缺少憐憫之心的家庭！」一些父母總埋怨「打也沒用」、「越打越不聽話」就是這個原因。培根說：「幸福的家庭，父母靠情感當家。」教育孩子是一門學問，要學會抓住教育時機去獲得教育的最佳效果。孩子流淚了就不該再打孩子，而應抓住這一時機，動之以情，曉之以理，幫助孩子管束自己。

感情用事還表現在家長在某些方面對孩子要求嚴格，某些方面卻十分放鬆。一位美國學者評價說：「有些父母在表達自己對孩子的愛時，往往並不關心他們想些什麼，孩子的困惑，孩子的不安，卻更關心孩子的吃。」也許這些父母沒有意識到，在他們把孩子變成「小胖子」的時候，孩子的心靈卻是一片荒蕪。

據某雜誌透露，因考試而挨打的孩子竟占百分之八十，「忘我奉獻」與「心靈施暴」常在父母的身上兼而備之。許多孩子在這種畸形的教育方式下，不但不能成「龍」，甚至連人也難成。他們一方面厭倦父母的精神枷鎖；另一方面，當他們脫離了父母的羽翼時，便感到無所適從。每個當父母的都應反省一下，你們以「愛」的名義灌輸給孩子的是些什麼？簡單的採取紅蘿蔔加棍棒的方式是不能培養出優秀人才的。家長不要感情用事的對待孩子，更不要拿孩子出氣。小孩子大多是淘氣的，當他犯了嚴重錯誤時挨一頓揍有時是必要的，至少可以讓他深刻的記住下一次不可再犯。但可嘆的是，不少孩子挨揍並不是跟他犯的錯誤大小有關，而是和父母的心情好壞有很大關係。

物欲型父母

目前，許多家長在孩子的家教問題上，引用了社會上的物質獎勵之法。在孩子聽話，學習成績良好，父母如願以償的情況下，會慷慨解囊，給孩子買這買那，甚至會直接給錢。小則買玩具、衣服，大則買高階遊戲機給孩子。在一次家庭教育座談會上，一位家長講了他家的真實故事：女兒上小學五年級，個性很要強，成績不錯。爸爸媽媽為了使孩子的學習基礎打得更牢更好，提出了一個獎勵措施。每門學科考試八十五分以上獎勵五十元，九十分以上獎勵一百元，九五分以上獎勵一百五十元。至於什麼考試，他們沒有規定。過了幾天，女兒拿著小測驗的考卷找爸爸媽媽：「你們看，九十分以上，給錢！」爸爸媽媽很高興，如數兌現。十幾天以後，隨堂考九十分以上，女兒又「賺」了錢。一個多月以後，期中考試，又是九十五分以上。女兒又找爸爸媽媽要錢，爸爸媽媽猶豫了，這樣下去，幾千元的薪水，全裝到孩子口袋裡去了。女兒看爸爸媽媽不想給的樣子便說：「爸爸媽媽，你們的獎勵政策剛定了一個多月，就要變啦！」爸爸媽媽只好給了錢。

更多的家庭出現了如下情形：孩子學習不好，家長在考試前定了指標，如果達到指標給多少錢或買什麼東西。考試結果，孩子沒有達到指標，家長很生氣，錢當然不給，東西也不買。孩子則垂頭喪氣，信心不足了。如此兩次三次之後，家長也覺得這措施沒什麼效力了。於是，訓斥責備、諷刺挖苦、大動干戈的事情就可能出現。

孩子本來純潔無暇、天真爛漫的心靈，受到物質享受的強烈刺激，便逐漸滋長物質慾望，養成貪婪的習性，終日不思學業。一旦達不到自己的慾望，便會去犯罪，終產生與父母的良好期望相反的作用。

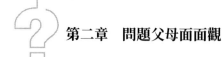

第二章　問題父母面面觀

一、物欲膨脹，孩子不思進取。

孩子本身天真純潔，家庭教育應該以培養孩子好的思想品質、健康的情感、強壯的體魄、良好的習慣和增長孩子知識技能為主。可是，有很多家長總要有意無意的向孩子灌輸錢和物質觀念，以自己在消費觀念上盲目比較、以價論質的心態和行為，錯誤的教育孩子。於是，孩子從小吃的是鼎泰豐、麥當勞，講排場，講口味，越吃越饞，越吃越偏食、挑食；穿的是高級童裝、名牌皮鞋，講款式，講新潮，講名牌，越穿越金玉其表，越穿越虛榮；玩的是無人機、變形金剛，講新穎，講刺激，越玩越懶，越玩學習越差。興趣都放在追求物質的比較上，當然會無心在學業上去競爭。據某學校調查統計，不學習也不守紀律的學生中百分之八十來自講究高消費的富裕家庭。

二、物欲使孩子見錢眼開、為錢犯罪。

近年來，社會上的獎金風刮到了家裡，許多父母利用這種方法獎勵孩子，忽略了獎勵的真正含義，只單純的用金錢去刺激孩子。這些父母設立了不少獎勵名目：考試獎，用於獎勵考試名次；掃地獎，用於做家務的表現；壓歲錢，用於春節圖個吉利。他們不曉得，當金錢作為獎金濫用時，會對孩子產生毒害作用。

十一歲的小學生學亮，在一天當中連續砸壞三輛小汽車，共盜竊現金五千多元。另一天，又和一個同夥，再將一輛小汽車玻璃砸碎，盜竊三千多元臺幣以及日幣三萬元。拿到這些財物後，便請同夥到飯店大吃大喝，四天之內全部花完。

據統計，在學生犯罪中，物欲型犯罪比例占總犯罪率的百分之八十以

上，大大高於其他類型犯罪。

這樣的犯罪，究其原因，無非是兩方面：家庭的物質刺激使孩子從小越吃越饞、越玩越懶，嘗到了金錢的甜頭；同時，社會上高消費的傾向，「一切向錢看」的思維，使這些可塑性大的孩子受到腐蝕。正如一位英國作家所說：「構成罪惡的根源並非金錢，而是對金錢的愛。」如今，許多父母習慣於以錢代教，以錢代愛，視金錢萬能，斷定金錢之下必有才子。如果父母用金錢去充當教育的動力，那麼這種教育註定要失敗。濫施獎勵的後果，必定使孩子意志消沉，貪得無厭，不思進取，墮落犯罪，於家於社會皆不利。

案例一：小喬的父母工作非常繁忙，由開始的拚命賺錢到後來只認得錢。小喬只好跟奶奶過。孩子一纏著大人，父母就只知道掏錢給孩子。

「人家的爸爸媽媽都陪孩子玩，你們都不管我。」小喬多次抱怨父母。

「誰說不管你了，給你吃給你喝，誰家孩子有你錢多？現在這個社會沒錢行嗎？沒錢別說吃喝，連個人樣都沒有了。」爸爸這麼回答。

一次，小喬和同學打架，打傷了人家。小喬不敢回家。爸爸聽說後，不但沒批評他，反倒說：「有什麼了不起，別說只是受了點外傷，就是再重一點又怎麼樣？不就是賠錢嗎？我們家付得起。」對方家長見他這個水準，覺得跟他理論沒意思，就算了。小喬父親的結論是：「出點『血』就把事情給結了。」這讓小喬真真切切體會到，錢真管用。

小喬從爸爸那兒學來了「有錢就有一切，沒錢就什麼也不是」的觀念，漸漸學會了用錢籠絡住一批同學，有人陪他玩，有人幫他寫作業，他儼然一個財大氣粗的「闊少」，領著同學逛街、請客吃飯。

轉眼上了國中，家裡生意變得不順，但他已經養成了花錢似流水的習

慣，加上他到了新學校，還要爭個「首領」的位置，他需要更多的錢。怎麼辦？就偷。先是偷同學的，大家有警惕後，他也覺得偷同學的小錢不夠用，就入戶盜竊。幾次作案後，十四歲的小喬被抓進警察局。小喬父親氣壞了：「這孩子手上有大把大把的錢，為什麼偷？真不爭氣啊！」他不明白，當父母的掉進「錢眼」裡，孩子哪還能不跟著跳啊！

案例二：菲麗的父母都當著政府官員，平時家裡串門的特別多。逢年過節，更是人多禮多。菲麗剛讀國一，心思單純，看著眼前小山似的禮品，莫名其妙的問：「媽媽，他們為什麼給我們送那些？」「求妳爸爸幫忙辦事呀！」媽媽回答。菲麗不明白：「辦事就得送禮？」

「禮尚往來，我們求人家辦事也得送禮。」「求人就得送禮？」「當然了！」

「爸爸不是常說要為人民服務嗎？」菲麗越發不明白，刨根問底的問。「這是大人的事，孩子別瞎操心了！」媽媽生氣了。菲麗沉思片刻，神秘的對媽媽說：「這籃蘋果送給我們老師吧？」「為什麼？」「我們學校要招收第一批社團成員，我想成為第一批社員。您不是說辦事就得送禮嗎？」「這，這……」媽媽語塞。

「大人的事」就是這樣感染著孩子！

奴僕型父母

按常理來說，父母長輩是孩子的教導者，但在現實生活中，多少父母成了奉承孩子的僕人，被孩子所統治和指揮著。這是因為現代家庭以獨生子女為主，所謂「物以稀為貴」，只生一個孩子的父母們，把孩子看成是自己生命的一種延續，是自己的希望所在。為此，全家上下幾代人猶如眾

星捧月似的為之奉獻著。論情理，這種現象似乎也可以理解。但從教育的角度來看，實則有害而無益。

家長甘當奴僕，聽任孩子指揮、擺布，是對孩子極度溺愛的表現，也是家長對孩子的教育上最可悲的態度。教育家蘇霍姆林斯基就這種家庭教育的危害做過精闢的闡述：「用這種態度培養的孩子不會懂得，在人與人的共同生活中有『可以』、『不可以』、『應當』這些概念。這些孩子會覺得對於他（她）來說一切都是可以的。他（她）會變得任性、以自我為中心、虛榮，生活中的少許困難，對於他（她）都會成為無力承擔的重負。用這種溺愛態度培養出來的人是自私自利透頂的人。他（她）不知道自己對雙親負有義務，不會也不想勞動，目中無人，因為他（她）的內心感受不到母親、父親、祖母、祖父以及周圍其他人的願望和需要。」

在兒童科學討論會上，專家們把目前獨生子女在祖父、祖母、外祖父、外祖母四人和父親、母親二人共同溺愛下發生的任性、自大、以自我為中心、孤僻、自私、不求上進等心理偏差，偏食挑食等不良飲食習慣引起的輕度營養不良等異常現象統稱為「小皇帝」綜合症。可見，這種由奴僕型父母精心服侍的「小皇帝」、「小公主」在心理和生理上都不夠「尊貴」。具體來說，主要表現在以下方面：

首先，奴僕型父母「服侍」下的孩子滋長了自我中心思想。

「自我中心」是幼兒時期思維發展的基本特徵之一，是指幼兒由於智慧不成熟而不能從他人的立場看待事物，不懂得考慮周圍的環境條件，只憑自己的情緒和需要思考問題。幼兒「自我中心」表現在生理、智慧、語言、社會四個方面，本來會隨年齡增長而自行消失。但由於很多家長從孩子幼小時就一直過於尊捧孩子，在家中過於強調孩子的重要地位，這樣孩

子的自我中心意識不但不會消失，反而會不斷強化，成為孩子終身難以改變的習慣認知。這種認識必然使孩子形成自私、霸道、唯我獨尊的心理，這對孩子來說確實是一種無法自救的災難。法國教育家盧梭說過：「一個母親把孩子當成自己的偶像，或過分為孩子著想，使孩子沉浸在溫柔舒適的生活裡，實際上是在給孩子準備苦難；她想要孩子幸福、遠離痛苦、少受折磨，卻沒有想到這等於是在遙遠的將來把很多的災難和危險累積後放在孩子身上，她實際上是把孩子的毛細孔一個個打開，讓各種疾病侵襲，使孩子長大的時候，成為這些疾病的犧牲品。」孩子看到父母竭力迎合，便會產生優越感，自以為了不起，認為什麼事情都可以辦到，所有人都該服侍他。於是，「小皇帝」、「小公主」應運而生。有的成了家中的「暴君」，蠻橫無理；有的成了學校的「霸王」，惹事生非，驕氣十足。

　　其次，奴僕型父母阻礙了孩子的正常發展。

　　父母把孩子看成家中的珍寶，對其寄予厚望。為使孩子早日成才，光宗耀祖，他們處處以自己的意志去支配孩子，企圖透過孩子去實現自己未能實現的願望和理想。去補償自己生活中的缺憾。許多父母為子女設計了一張張藍圖。今天想讓孩子成為「鋼琴家」，明天想讓孩子成為「畫家」、「神童」，不惜花費錢財，不惜犧牲自己的休息時間，奔波於各類啟蒙教育學校。強行讓孩子接受那些並不適合其個性和天資的智力開發，剝奪了本該屬於孩子的遊戲時間，使其得不到童年無憂無慮的樂趣。一些家長為了追求孩子的分數、升學目標，就只重視智育，只把注意力放在傳授知識上，而忽視了孩子的品行培養和行為習慣的訓練。殊不知，非智力因素在孩子成長、成才中，起著極大甚至決定性的作用。

　　此外，奴僕型父母還容易助長孩子的虛榮心。

當孩子呱呱墜地、初臨人間，對外面一切還無意識時，已被抱著登上「滿月酒宴」的寶座。接著，「雙滿月」、「周歲生日」等一系列紀念性宴席，使孩子不斷感受著一種至尊的生活經歷，久而久之，習慣成自然，其虛榮心開始膨脹，從小就懂得講排場、擺闊氣。青少年的思想尚未成熟，自控能力差。但如今不少國中生已由生日聚餐的吃喝、跳舞，發展到比較穿名牌衣服、比誰的首飾好。許多家長雖意識到這樣的消費方式對孩子有不良影響，卻普遍存在一種想法：就這麼一個孩子，不能太窮養了！這種庸俗風氣的氾濫，汙染了校園的風氣，影響了學生的學業，助長了學生不健康的虛榮心和比較心理。據報導，一位來自鄉下的學生，收到請柬去參加一個好友生日聚餐，他想要送一件「拿得出手」的生日禮物，但手中沒錢，於是回家後纏著母親，無奈家中經濟拮据，難以滿足要求，他氣惱中竟揮刀示威：「辦不到這件事，不是妳死就是我死！」他可憐母親嚇得渾身發抖，只得強忍悲憤，違心的借錢來滿足兒子的要求。

「一切都讓給子女，犧牲一切，甚至犧牲自己的幸福，這就是父母所能給孩子的最可怕的禮物。」

「毀於溺愛的孩子比毀於小兒疾病的還多。」

在獨生子女的教育中，家長過度保護與過多照顧的教養方式，不利於孩子健康成長。家長之所以對子女保護過度，照顧過多，是由於孩子是「獨生」，家裡只有這麼一棵苗，千萬不能讓獨苗「出了問題」、「不安全」，於是孩子被保護起來。一切都由家長「承包」下來了。家長的包攬一切事務，使孩子喪失了自我，家長做得越多，孩子做得越少，直到無事可做，最後就什麼也不會做。充滿「愛心」的父母隨心所欲的剝奪了孩子鍛鍊自我，發揮自我能力的機會。某小學一名四年級的學生竟然連雞蛋都

不會剝殼；有的孩子五歲了還要父母、爺爺奶奶追著餵飯，哄著睡覺；有的孩子上了小學，還要爸爸媽媽穿衣餵飯。據某市對五百人的調查結果顯示，在小學生中，低年級學生百分之二十七的人不會洗臉，百分之三十七的人不會穿衣服，百分之三十的人不會掃地，百分之九十七的人不會整理書包；中年級學生中，百分之五十七的人不會洗碗，百分之六十的人不會整理房間；高年級中，有百分之六十三的人不會煮飯，百分之五十七的人不會縫鈕扣。這些被家長們「呵護大的一代」，有的孩子甚至連學校的衛生值日也要由家長來承擔。應該由孩子做的事，家長做了；應該孩子自己走的路，家長走了；應該孩子承擔的責任，家長承擔了。因為家長代替了孩子，使孩子的能力逐漸弱化，獨立意識、自我意識逐漸喪失，它所帶來的惡果還沒有被家長們所認識到。家長們不但要撫養孩子成人，還要幫助他們找對象，成家立業，還要幫助照顧他們的兒子 —— 孩子的孩子。這樣的孩子是長不大的。在醫院，我們曾親眼目睹一位二十七歲的「父親」在吃兒童食品。當我們問及時，他老婆說，在家時，買一箱兒童食品，父子倆一塊吃，買少了父子倆會「打架」搶小食品。而當護士為這位女士抽血時，這位已經是孩子媽媽的她竟然嚇哭了。後來一問，原來他夫婦二人都是獨生子女，從小男孩愛吃兒童食品、女孩見針害怕的習慣到婚後也保留著。我想，真不知道他們是如何教育自己的獨生孩子的。跟

　　根據對兩千三百名小學生的調查，日均幹家務活為兩小時。而同齡的小學生，美國的為十二小時，泰國的為十二小時，韓國的為七小時。我們的孩子，可能是世界上做家務最少的。西方的家長也愛孩子，但是在子女的生活、學習乃至社會交際中，並沒有像我們的家長那樣事事過問，事事代替。他們特別注意孩子生活自理能力的培養，這與我們形成了巨大反

差。美國一歲多的孩子基本上是自己吃飯，父母將孩子「綁」在椅子上，把食物放在他們的小桌上，讓他們自己用小刀叉吃飯，就算吃的到處都是食物，還把飯菜打翻，家長也不急不惱，這樣，孩子的獨立性從小就得到了培養。

【相關案例】

家教類型測試

下面是涉及親子關係的一些問題，想一想家庭中的實際情況，在備選答案中選出最貼切的一個畫「O」，選出大致相近的一個畫「△」。

問題：

一、子女出去玩沒在規定時間內回家時如何處理？	
a 嚴厲的斥責。	
b 一晚回來就擔心會不會發生什麼事。	
c 即使回來晚了也不在意。	
d 依時間不同有時嚴厲斥責有時什麼也沒說。	
e 詳細詢問晚歸的理由並告訴他最好遵守時間。	
二、子女嫉妒其他兄弟姐妹時怎麼辦？	
a 責備他們。	
b 認為自己管教方法不好，加強反省	
c 不太在意放著不管。	
d 當時特別疼被嫉妒的子女。	
e 和藹的勸解，並讓他們了解父母沒有偏心。	
三、有事拜託子女，而子女不肯時怎麼辦？	
a 不管什麼事都要照父母的話做。	

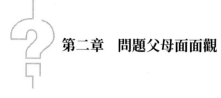

第二章　問題父母面面觀

b 立刻聽子女的。	
c 一點都不聽子女的解釋，馬上生氣。	
d 再拜託子女一次。	
e 詳細聽子女的解釋，再讓他們了解應該幫助父母做事。	
四、當父母知道子女做壞事時，如何教育他們？	
a 直接嚴厲的逼問。	
b 擔心子女不肯說實話。	
c 不特別在意子女的事。	
d 當時什麼也不說，事過之後再責備子女。	
e 平靜的訓誡，並教導子女做應當做的事。	
五、子女發脾氣時如何處理？	
a 無理取鬧時就責備他。	
b 接受子女的要求，安撫他。	
c 偶爾為之就不管他。	
d 有時斥責，有時安撫，不一定。	
e 花時間傾聽，並安撫。	
六、子女有事會找你商量嗎？	
a 根據事情的內容而定。	
b 多少談一點。	
c 不管父母，自己做自己的事。	
d 有時會，有時不會，視當時情況而異。	
e 會很輕鬆的商量。	
七、子女帶異性朋友回家時怎麼辦？	
a 不管誰都詳細詢問。	
b 擔心這樣交往好不好。	
c 不管帶誰回來都不看一眼。	

d 先歡迎他們然後詳細詢問。	
e 歡迎他們並一起喝茶聊天。	
八、子女考試成績退步怎麼辦？	
a 嚴厲的監督使子女更用功。	
b 安慰子女，並勉勵他下次考試加油。	
c 覺得沒什麼，不特別擔心。	
d 嚴厲的訓話。	
e 跟子女一起做功課，並讓他再做一遍不會的題	
九、怎樣教子女日常生活的禮儀？	
a 日常生活中就告訴子女。	
b 平時很少教。	
c 連自己都不在意，子女也隨便，就不管了。	
d 在家裡較自由，但出外一定要有禮貌。	
e 父母做示範，自然子女就會一樣有禮貌。	
十、子女房間亂七八槽時怎麼辦？	
a 讓子女一個人整理。	
b 最後還是自己整理。	
c 在子女整理之前就放著不管。	
d 有時嚴格斥責，大致上還是會幫忙整理。	
e 盡可能讓子女一個人整理。	
十一、父母常跟子女一起出去玩嗎？	
a 很少一起出去玩。	
b 非常疼愛子女，經常一起出去玩。	
c 很忙，幾乎不出去玩。	
d 在子女要求下休假時出去玩，但馬上感到厭煩。	
e 親子間為很好的遊伴。	

十二、子女的功課給誰看？	
a 子女想給母親看。	
b 盡可能讓家庭教師看。	
c 依子女的意願。	
d 有時父親看，有時母親看。	
e 盡可能讓子女一個人做，不懂的再問。	
十三、子女想買貴的東西時怎麼辦？	
a 覺得浪費，叫他們忍耐。	
b 只要子女一撒嬌就買。	
c 不管要什麼大多會買。	
d 剛開始說不買，最後還是拗不過子女的央求。	
e 仔細討論是否是必需的東西。	
十四、你對自己的教育方法有何看法？	
a 認為較嚴格。	
b 認為較溺愛。	
c 認為較輕鬆。	
d 認為隨著當時的氣氛而異。	
e 認為很多時候了解子女的心情。	
十五、父母對子女的教育有不同的意見時？	
A 聽從父親的意見。	
b 母親跟子女站同一邊。	
c 父母對於女的教育不關心。	
d 因事而不一定。	
e 充分討論，盡量使意見一致。	

評定：

　　畫「○」者記二分，畫「△」者記一分，填入下表，計算合計得分，

由 a 到 e 哪一項得分最高，自己就是哪一個類型，如最高分中兩個以上同分，則為混合型。

合計：

a

b

c

d

e

a 得分最高為嚴格型：

這類父母非常有權威，基本上是子女絕對服從父母的意見。對子女言行要求特別嚴格，有時候父母即使不說話也讓子女覺得威嚴。從父母方面來看也許覺得沒什麼，但從子女方面看，會覺得父母囉嗦。而且，若父母令人敬畏，就容易壓抑子女的行為，子女表面上很有禮貌很有規矩，卻缺乏自己積極行動的動力。由於無法對父母撒嬌，容易造成子女心理不安。在青春期階段，隨著自我的發展，也會對父母的權威反感，甚至是反抗。

對子女嚴格要求是不錯的，但如果過分嚴格而束縛了子女也不是一件好事。應注意了解子女的情緒及要求，充分與子女溝通。最重要的是使子女能輕鬆的說出自己想說的話。

b 得分最高為溺愛型：

溺愛型也稱過分保護型。在這樣的家庭中，父母對子女的話言聽計從，對子女過分照顧、過分保護，過分關心孩子的任何願望，過分干涉孩子的行動，使他們缺乏自主能力，即使過了青春期，也很難形成良好的獨立性。

愛護子女並希望他們有好的發展固然不錯，但父母也不能以支配子女的一生為樂。應注意不要過分愛護、過分干涉，應有意識的培養子女獨立自主的能力。

c 得分最高為放任型：

在這樣的家庭中，父母不喜歡干涉子女的事，甚至會讓子女自由的做自己的事。父母有父母的生活，子女有子女的生活。由於放任，子女可以自由行事，物質的需要可以滿足，卻不能滿足對親情的需要。子女無論怎樣努力也無法得到父母的關心，所以表面上獨立性很強，跟別人相處也很好，但是，由於情緒不安定，容易受引誘而進入反社會性的小團體。

培養獨立性絕不等於放任自流，應多注意子女的行為和心理，多關心他們，使之受到指導的學會生活。

d 得分最高為不一致型：

這樣的家庭當中的不一致表現在兩個方面：一種是父母對子女有時嚴厲有時溺愛，子女就學會看父母臉色行事，容易形成表裡不一的性格。另一種是父母雙方有一方非常嚴厲，一方非常溺愛，這會讓子女經常陷於不安與困惑，也容易形成不良人格，如果出了問題，父母再互相推卸責任，那就更為不利了。

父母教育子女的方式可以有差別，也應考慮不同場合不同時間採取不同方式，但父母應注意溝通。力求協力合作，對子女的要求始終如一，這是形成子女良好心理和人格所必需的。

e 得分最高為民主型：

在這樣的家庭中，父母一點也不會以自己的想法來強迫子女，而是傾聽子女的意見，充分與子女溝通，父母對子女的教育是以經常的關心、豐

富的親情、對子女人格的尊重和信賴為基礎的。子女在這種民主的親子關係中，能形成很強的獨立性，形成直爽、熱情、親切、誠摯的性格特徵，社會適應性良好，有較好的人際關係，善於和大家團結協作。這可以說是較理想的家教類型。

但是，在現實生活中卻少有這種理想的家教類型，這主要是受傳統文化的影響。親子應有勇氣和共識，衝破傳統文化的束縛，使家庭教育多些民主化。

有兩個以上同樣高分的混合型：

上面幾種類型都很典型，在現實的家庭教育上，很少有只屬於一種類型的，多屬於混合的類型。

您教育孩子的方法正確嗎？

下面的測驗題選自英國著名教育家的著作《父母必讀》。透過測驗，有助於使您了解您對孩子的教育是否得法，對您今後該如何正確教育孩子會提供一些啟示。每道測驗題有三種答案，您可以選一種，最後計算總分。

一　您的小兒子回到家裡，您發現他剛剛與小朋友打過架，衣服撕破了，雙膝受了傷，您見到此情境，會做何處理？

　　A 您仔細察看並包紮孩子的受傷處，然後給孩子洗臉，您會批評他幾句，但態度和藹可親。

　　B 您表現的焦慮不安，手忙腳亂，並決定以後不許他一個人到外面去玩。

　　C 您怒氣衝天，並且懲罰了孩子。

二　您送給十歲的兒子一件他盼望已久的禮物（較貴重的）。數日後

您的兒子雙眼含淚的告知您：「禮物丟了。」此時您做何反應？

A 您安慰兒子，盡量使兒子不要為此事太難過，您絲毫不吝惜兒子丟失的東西，看著正在傷心哭泣的孩子，您的心裡充滿憐憫之情。

B 您本想立即跑出去尋找，但一想應該已無濟於事，只好作罷。但您決心今後再也不給這種不懂事的孩子買貴重的禮物了。

C 您懲罰了孩子，在責備孩子的話語中提到了丟失物品的價錢。

三　您十歲的兒子給您傳話：老師讓您去學校一趟。您如何對待此事？

A 您不了解發生了什麼事，所以表現得鎮靜自若，只要有可能，您一定去見老師。

B 您設法要搞清楚兒子惹了什麼禍，並警告兒子，只要聽到老師告他的狀，您將狠狠的教訓他。

C 您發怒，打算立即去見老師，您氣得不服用鎮靜劑就難以自持。

四　您九歲的兒子期末考試有兩門學科不及格，這對您是個打擊，因為這孩子平時學習還可以。此時，您採取什麼態度？

A 您很難過，但認為這並非不可救藥，您決定在假期裡給兒子補上這兩門課。

B 您弄不清發生這事該怪誰，是怪兒子不用功？還是孩子天生智力遲鈍？或該怪罪於老師？

C 您認為這是家醜，但不覺得嚴重，因為兒子的同學也有兩門學科不及格，並以此自慰。

五　您看到您九歲的兒子在玩弄一隻沒主人的貓，您如何對待此事？

　　A 您很生氣，並要求孩子立即停止這種惡作劇。

　　B 您大驚小怪的拉著兒子離開貓，還說：「這要是一隻瘋貓呢？」

　　C 無動於衷的走過去，並認為這種惡作劇對男孩子來說不足為怪。

六　您發現您十二歲的兒子有香菸，如何處理？

　　A 您做出尚未發現他有香菸的樣子，找機會經常向孩子講述抽菸的害處。

　　B 您不重視這件事，也沒採取任何措施，但當孩子做了另一件錯事時，您向孩子提起他抽菸的事。

　　C 等待適當時機，以便當場抓住兒子抽菸，再教訓他。

七　您與丈夫吵架後氣得難以自持，眼淚奪眶而出。此時兒子放學歸來，他因為考了好成績心情極好，一心想與您看事先已經買好票的電影，您如何做？

　　A 您鎮靜下來，與兒子一起去看電影。

　　B 您告訴兒子，身體不大舒服，電影改日再看。

　　C 孩子回來使您更惱火，根本談不上去看電影。

八　您兒子的十歲生日快到了，他已邀請小朋友來家中做客，並急切的盼著生日的到來。但突然您得知您很久未見的朋友也將在兒子生日那天來看望您，您如何處理此事？

　　A 您朋友的到來將不影響兒子生日的安排，您愉快的讓客人們一起歡度這一天。

　　B 您向兒子講了上述的情況，並請求兒子改日再行聚會。

　　　　C 乾脆告訴兒子，他的生日聚會改日再辦。

九　　您發現您錢包裡有少量的錢丟失，而且證實是您未成年的兒子偷的，您如何處理？

　　　　A 您不知所措，但表現理智，您決定首先弄清：兒子要錢做什麼？然後再採取措施。

　　　　B 沒弄清事情的原委就懲罰了兒子。

　　　　C 您恍然大悟：兒子是個小偷。

十　　您十五歲的兒子近日來學習成績下降，對老師不禮貌，您發現這是因為他在單戀（初次），您會如何處理此事？

　　　　A 您聯想到自己在兒子年齡時的情況，盡量理解兒子，態度溫和。

　　　　B 您相信這種蠢事隨著時間的流逝會過去的。

　　　　C 十五歲談什麼愛情？在沒有改善不及格和沒學會自制時，不許離開家！」

十一　您十五歲的兒子與染有惡習的孩子來往，對學習漫不經心，當著您的面抽菸，有幾次還酒後回家，您此時採取什麼措施：

　　　　A 您利用一切機會給兒子講，他的行為對一個男子來說是不體面的，並真誠的相信，這種和壞孩子的友誼很快會結束的。

　　　　B 您認為這一切是因為過渡年齡所致，今後家裡的醜事將發生得更加頻繁。

　　　　C 您開始逐漸相信您兒子是個流氓。

十二　您在與兒子進行不愉快的談話時，忍不住打了他一巴掌，過一段時間您清楚的意識到不應該打兒子，此時您如何處理？

A 您請求兒子的原諒，保證今後要克制自己。

B 您努力改正自己的過錯，但並不準備向兒子道歉。您認為道
　歉會影響您的威信。

C 是兒子引得我發火，這樣做才像父母的樣子。

十三 您回到家門口時，聽到兒子與自己的朋友在屋裡的對話。您兒子
　　在談他與女孩子接觸後的想法，他說他想要哪個女孩子當女朋
　　友。您聽後有何反應？

A 您立即表明您已回到家裡，聽到了兒子說的話，您兒子的想
　法使您難過。

B 暫時在門外耐心聽完，然後走進屋裡。您對兒子說，考慮女
　朋友的問題還為時過早。您勸兒子不要因不理智而過早戀愛。

C 您往下聽了一會兒，對兒子的話沒什麼反應。但您一旦有機
　會將對兒子說：「我知道你腦子裡在想女朋友的事。」

十四 您十七歲的兒子對您說：「您對現代生活一無所知」，您做
　　何反應？

A 您不打算堅持己見，準備與兒子以平等身分討論有關「現代
　生活」問題。

B 您聽後很生氣，並認為恰恰是您才清楚什麼是「現代生活」。

C 在兒子對他的無禮言行沒有悔悟之前，我根本不想見他。

十五 您不滿十八歲的兒子宣稱，兩個月後他將結婚，未來的兒媳您根
　　本不認識，您如何回答他？

A 您根本不打算勸阻他，您認為過一段時間一切都會正常的。

B 您以迷惑不解和輕蔑的態度接受這一消息。

C 您聽後目瞪口呆，但恢復常態後，您脫口而出的是：「除非等
　　　　　我死了！」

十六 您的孩子做什麼事情能使您高興？

　　　　A 突然發現您的孩子在數學、繪畫、體育等方面有特殊的天賦。

　　　　B 在學校取得優秀成績。

　　　　C 在家裡絕對聽話。

十七 您孩子的什麼事情會使您難過？

　　　　A 在各方面平平凡凡。

　　　　B 考試不及格。

　　　　C 不聽話。

十八 您認為一個人事事成功的保證是什麼？

　　　　A 具有特殊的意志力。

　　　　B 有健康的體魄。

　　　　C 智力突出。

十九 您認為一切失敗的原因是什麼？

　　　　A 在於行為的輕率。

　　　　B 在於自信。

　　　　C 在於太笨。

二十 您希望您的孩子長大成為一個什麼樣的人？

　　　　A 善良的人，值得交的朋友。

　　　　B 出色的專家。

　　　　C 知名人士。

記分方法：

　　Ａ：一分；Ｂ：二分；Ｃ：三分。將您的積分總和與答案中各分數的評價相對照，可以大致了解您教育孩子是否是成功的。

　　答案與分析：

　　二十到二十五分：您在教育孩子方面可提供很多經驗，您具有做教育家的天賦。

　　二十五到三十分：您在教育孩子上基本做法正確，但請您不要忘記：容易激動是不利於教育的因素。

　　三十到四十分：您應重新審查一下您對自己及對孩子的看法是否正確，儘管您有時也會聯想自己年輕時的情況。

　　四十到四十五分：您常常是不公正的。令人驚訝的是，您居然也能看到「人」與「孩子」兩詞之間的差別。

　　四十五到五十五分：您未必會有一個受孩子熱愛的幸福晚年。幸運的是，您還不是一個典型的不幸者。

　　五十五到六十分：當初您應認真考慮是否生養孩子，因為這步邁出後，您的家庭成員中誰也沒因此而感受到更幸福。

第二章　問題父母面面觀

第三章　於無聲處聽驚雷

一、家庭教育的思想盲點

孩子弱小需要照顧

在有的家長眼裡，孩子總是太小，總是長不大，他們覺得孩子幹什麼都會有危險。比如：擔心孩子洗衣服會把手磨破，做飯會被油煙嗆到，吃什麼東西總是捨不得吃要留給孩子，有的家長甚至幫孩子寫作業，當孩子沒完成作業時，替孩子撒謊。這種家長從不敢放手讓孩子自己去動手、去實踐，導致孩子過分依賴父母，生活自理能力差。過多的照顧，只會使孩子處於一種高高在上的特權地位，使他們心安理得的接受別人的照顧。這樣，他們就認為別人理所當然的該為他服務。在這種條件下長大的孩子往往不懂得關心別人，缺乏同情心，更不懂得何為孝義之道。

再苦也不能苦了孩子

在有些家長眼中，孩子是小皇帝、小公主，不能受一點委屈。很多家庭並不太寬裕，可是對孩子卻一點也不吝惜，寧願自己節衣縮食，也要滿足孩子的要求，甚至是不正常的、過分的以及錯誤的要求。這種家長所想的就是就算苦自己，也別苦了孩子。就這樣，父母省吃簡用，孩子卻天天吃大餐；父母穿著樸素，孩子卻是滿身名牌；父母可能一輩子也沒有享受過娛樂消費，而孩子卻早逛遍了所有的娛樂場所。這樣下去，孩子往往不知財富來之不易，不知生活艱苦，形成花錢鋪張浪費、互相比較的壞習慣，而且事事以自我為中心，目中無人，只知享受，不知奉獻。

望子成龍期望高

一些具有「望子成龍」心態的家長，對孩子的期望值太高，不顧孩子

的能力、興趣和原有水準，盲目施壓，希望孩子考上名校，叫孩子要考第一。一個班通常五十名學生，第一名只有一個，如果家長都要求孩子考第一，不管整體水準如何，有四十九名都是失敗者。一旦孩子沒有達到家長的預期目標，就受到斥責、謾罵、甚至懲罰，結果造成孩子心理壓力很大，焦慮重重等不健康心理。

我們來看一些真實的案例：

一位十九歲的青年彭足偉因故意殺人罪被依法處決，讓人震驚的是他殺害的是非常愛他的親生父母。

彭足偉的父母就是望子成龍的典型。他父親經常指著電視裡邊政府高官的鏡頭對他說：「好好學習，你長大了也要像這些大人物一樣給老子風光風光。」伴隨著高標準而來的自然是嚴格要求，父親剝奪了他所有的交際權和業餘愛好。專制的教育方法及巨大的壓力使彭足偉越來越難以忍受，他與父母之間多次衝突，到後來，他覺得家裡不像家，倒像個派出所，父母就是所長，他自己就是個小偷。

低落的情緒使彭足偉的學習成績不斷下滑，形成惡性循環，他開始懷疑近親結婚的父母使自己的智力有問題，終於讓他產生了殺人的念頭。事後，彭足偉說：「父母的要求太高，我永遠也達不到，所以我恨他們。」

一個孩子，能夠衝破年齡、情感、意志等一條條的防線，殺了自己的親生父母，只因父母對自己的要求過高。這一人間悲劇讓人深思的東西太多了！

像這樣的例子還有很多，鮮血和生命的代價應該讓我們明白：父母不但要在生活上、身體上關心孩子，而且要關心孩子的心理健康，要根據孩子自身的能力和興趣提出適當的要求，制訂合理可行的目標，而不要不切

實際提過高的要求。

曾有這樣一個被各報刊廣泛轉載的故事：

貝爾納諾斯是法國著名的作家，一生創作了大量的小說和劇本，在法國影劇史上占有特別的地位。

有一次，法國一家報紙進行了有獎智力競賽，其中有這樣一個題目：

如果法國最大的博物館羅浮宮失火了，情況只允許搶救出一幅畫，你會搶哪一幅？

結果在該報收到的成千上萬回答中，貝爾納以最佳答案獲得該題的獎金。

他的回答是：「我搶離出口最近的那幅畫。」

成功的最佳目標不是最有價值的那個，而是最有可能實現的那個。

棍棒之下出孝子

打罵或嚇唬是最簡單但最無能的教育方法，也是最不民主、最不合理的教育方式。它給孩子造成的心理創傷最嚴重，甚至會扭傷孩子的心靈。它所造成的危害：一是孩子為了逃避責任，掩飾錯誤而說謊耍詐；二是孩子由於長期被打被罵，形成怯懦、恐懼的心理，遇事小心翼翼不敢出頭；三是形成叛逆心理，嘴上不說，但心裡暗暗反抗；四是形成在家裝聽話，在外又以家長的方式對待別人的雙重人格；五是使孩子對周圍的人和事持懷疑和仇視的態度，在家三天兩頭挨打，在外則三天兩頭打人；六是最為嚴重的，就是釀成社會慘劇。

二、家庭教育的行為盲點

「榜樣」的力量

　　在家庭中，孩子與父母接觸最頻繁，也最容易受父母言行的影響。父母的一言一行，對孩子起著潛移默化的作用。一些家長對自己的壞習慣毫不在乎，絲毫不加約束，髒話、粗話脫口而出。高興時親吻孩子，不高興時就任意打罵。這對孩子是個惡性刺激，孩子會不知不覺的接受。在父母的打罵聲中，孩子也同樣學會打人、罵人。孩子挨打挨罵後，有的逐漸變得膽小、怕事、孤獨少言；有的則產生叛逆心理，故意與父母對抗，脾氣倔強，性情乖戾，甚至離家出走。

　　一些家長私心重，處處以自己的利益為重，做事不能吃虧，還傳授「經驗」，教孩子貪小便宜、假公濟私。這樣就養成了孩子以自我為中心的自私心理，既不能與朋友打好關係，更不願幫助別人，為他人做點好事。自私心進一步發展的話，常可導致青少年犯錯誤或犯罪。家長的不良嗜好，如酗酒、抽菸、賭博等，對孩子身心的危害就更大了。例如：父母主動抽菸，孩子則成為二手菸的受害者。不僅如此，孩子很會模仿，甚至七歲就已學會抽菸。有賭博嗜好的父母，由於把注意力集中在賭場、賭桌上，不可能在生活上很好的關心和照料孩子，更談不上進行思想品德教育了。父母在家中打牌賭博，既影響孩子的學習與休息，也容易使孩子模仿大人賭博。有些大人與孩子一起吃飯，或帶孩子赴宴時，為了哄騙孩子好好吃飯，無限制的滿足孩子的好奇心與模仿心理，常常與孩子同飲含酒精的飲料，慫恿孩子品嚐大人喝的酒，以孩子飲酒時的憨態和窘相為樂。連孩子喝下過量的酒後，還誇其「好樣的」，有意培養孩子對飲酒的興趣，

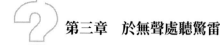

以便將來可善於交際，實際上是為孩子將來嗜酒種下禍根，給孩子身體帶來不可估量的潛在危害。

有一份關於臺、美、日三國孩子的調查資料，內容是比較父母在孩子心目中的位置。調查結果顯示，美、日兩國中國中生在所佩服的人物中，前三位必有一位是父親或母親，而臺灣上千名學生在回答自己「所推崇的榜樣」的問題時，大多數學生把父母排除在前六名之外。這份三國調查所得出的結論是：我們的家庭教育並不成功。

有一所教育研究所在中小學中進行了一次「我心目中的爸爸媽媽」問卷調查，從調查結果來看，孩子們評論家長的不良行為有三種：一是只圖自己享樂，不關心孩子；二是心胸狹窄，處事不公；三是缺乏教養，不講公德心。調查顯示，家長對孩子影響最壞的行為有：一是夫妻吵架，互不相容；二是在公共場所，不拘小節；三是與鄰里相處，舉措失當；四是懷疑一切，不滿社會。必須知道，家庭行為，說到底仍是社會行為之一。由於少數家長的誤導，使孩子形成了不正確的慣性思考，其影響不可忽視。

在現實生活中的確有這樣的家長，要不就忽視了自身道德對孩子的影響，不然就是把教育孩子的責任推給學校和老師，要不就是忙於經商賺錢顧不上管孩子，不然就是沉溺於麻將、酒店、舞廳，醉心於吃、喝、玩、樂。對孩子提出的疑難問題，有的家長難以解答，就敷衍了事，有的甚至用打罵、恐嚇來維護自己的尊嚴。在這樣的環境下，孩子能從耳聞目睹中學到什麼呢？

不同的家長發出的資訊，在孩子的心中留下了不同的圖像。家長的好行為、壞行為，孩子們都看得清清楚楚。因此，家長應該經常檢查、反省自己的教育方式，從產生不良行為的原因入手，提高自己的家教水準。同

時，也要根據孩子的特點和實際情況，發現孩子存在的問題，及時調整教育方式，做到「對症下藥」，提高家庭教育的因材施教性。

家庭教育成功的全部「奧秘」，就在於家長的以身作則。因為孩子的行為不是單純自發的，總會帶著成年人的影子。家長的自身素養如何，在很大程度上決定著孩子成長的方向。如果有的家長忽視自身對孩子的影響作用，那他絕不是一個合格的家長。

錯誤的態度

孩子是父母心中永遠的寶貝，在期望孩子成龍成鳳的歷程中，很多父母常因一時的求好心切或疏忽，而影響了孩子成長的契機，造成日後難以彌補的失望與懊悔。父母教養子女的態度，是家庭教育成敗的關鍵。

下列兩種現象，讓我們一起來深思、探討。

（一）過度尊重，流於放縱：現代的家庭「孩子少，個個寶」，年輕的父母，處處講求開放，傳統的規範不再流行。過度的民主尊重，導致孩子是非不分，目中無人，放任自流的生活意識，造成孩子稍有挫折即浮躁不安、缺乏容忍力，人際關係當然無法圓融。

（二）權威管教，喝斥壓抑：父母管教子女，如果習慣以權威規範或打罵怒喝來發洩個人情緒，將使孩子因長時間壓抑而對父母產生怨恨、不信任，對自己缺乏信心、對人群冷漠、退縮。因此，父母應給孩子辯白表達的機會，不因孩子曾經有過失或比其他子女表現差而忽略了他的權利和自尊，妨礙他向上的決心。很多誤入歧途的孩子，就是被逼出來的。「口無遮攔的父母，孩子害怕。」孩子最怕父母當眾喝斥或時刻強調他的弱點，「你

真是夠笨的喔！」、「你就是這麼差勁！」父母過度焦慮所引發的埋怨，將使孩子痛苦的感覺到「我就是不行！」自尊心受傷所產生的絕望將使孩子的行為表現越來越糟。沒有問題孩子，只有問題父母與問題家庭。聰明的父母請慎重拿捏你的教養尺度，別讓可愛的孩子在你手中出了紕漏。

缺乏溝通交流

一些父母由於受到自身性格和工作等因素的影響，與孩子之間很少交流，漸漸使得無形的「代溝」越來越寬。然而，要知道良好的教育是雙向的，親子間的交流溝通，必須順暢無阻，孩子的成長領域才能海闊天空，隨心翱翔。教育孩子，應該認識孩子，並重視孩子的問題，才能從輔導孩子愉快學習的成果中，享受教育成就的喜悅。孩子天生好奇、好問，小小腦袋常有太多的疑惑與問題，他的好奇對父母是一種挑戰也是一項責任，父母應該不排斥、不嚇阻，並且耐心接納，細心開導，努力的為孩子生命添加內涵、知識和力量，讓孩子滿足而愉快的開創嶄新的智慧王國。

孩子不是大人的縮影，他的想法常與大人不同。父母對孩子的意見別老說「不對。」或「你懂什麼。」常被否定會使孩子失去信心，遇到事情就會猶豫的想「我這樣可以嗎？」、「我一定做不到」。父母應寬容孩子無心的過錯，允許孩子有犯錯的權利，並依據事實了解孩子犯錯的動機。常陪孩子聊天，可以了解孩子對事物的看法，並感受他的情緒，傾聽他的訴說。通常孩子在絮絮叨叨的訴說某些事時，有時只是傾倒「情緒垃圾」而已，父母只要聆聽就好，頂多提出一些問題，引導他去思考。孩子的健康，是學習活動的基本條件，父母應該了解孩子的個別狀況，鼓勵其自我成長，不做強求與比較，太多的負擔和壓力，對孩子是一種殘忍和傷害。

「愛是接納，愛是付出，愛是責任。」相信孩子，熱愛孩子，才能使孩子在我們理性的期許中獨立、茁壯。

父母教育孩子的觀點不一致

對孩子的教育父母都有責任與權利，但並不等於一方可以干預另一方的決定。儘管父母都認為自己的方式是正確的，但究竟是否完全正確，或誰的更正確，卻是一個難以回答的問題。即使雙方在基本上認知一致，遇到有些具體問題也可能產生分歧，這時誰有權威來做裁決？

特別是當父母沒有就某事討論清楚，沒有商量出一致的意見和對策時，對於孩子的管理顯得沒有主見，令孩子感到模稜兩可，不知所措。更為糟糕的是，當孩子有了一定的推理、思考能力後，會有意的利用這種局面，掩護、推脫自己的錯誤。

有的家庭父親嚴厲管教，母親卻時時流露出對孩子的一種歉意。父親剛剛教訓完，孩子哭泣的淚還沒乾，母親就迫不及待的將孩子叫到另一間房中，又是發糖果，又是擁抱，仿佛孩子接受的不是教育而是無端的責難和懲罰。

無論父母哪一方過於嚴厲或過於放縱，若在孩子的教育過程中暴露出來矛盾，都會帶來負作用。那麼，在教育孩子的問題上，若夫妻之間存在分歧該怎麼辦呢？

需要明確的是，父子與母子之間的關係是有相對的獨立性的，雖然三者生活在一個家庭裡，但並非得按照同樣的模式處理關係。父親如果不同意母親對待兒子的方式，可以發表自己的意見，或與其進行討論，但絕不該插手其中進行干涉，尤其不應該當面阻止和提出反對意見，否則傷了感情不說，還會讓孩子不知所措。

　　一般來講，現代的家庭中沒有絕對的權威，父母可以按自己認為正確的方式來處理與孩子的關係。孩子應該要懂得與媽媽之間的問題與媽媽解決，不應該去搬爸爸做救兵，這是對他自己和父母的尊重。父母不應該交叉參與相互關係問題的解決，也是對孩子能處理好這一問題的信任。在大部分情況下，如果父母能尊重對方的觀點，不加以干涉，則兩種方式可和諧相處，而孩子亦可以從與父母個別的關係中獲取對自己成長最大的益處。

三、家庭教育的語言盲點

口誅心罰

　　俗話說：「良言入耳三冬暖，惡語傷人六月寒。」家長用尖刻的語言奚落、諷刺、挖苦孩子，表面上看比體罰「溫和」，但它帶給孩子的傷害絕不會比體罰小。體罰更多傷害的是孩子的身體，而「心罰」更多的是傷害孩子的心靈。受「心罰」的孩子被言語摧毀，自信受到打擊，智慧被扼殺。兒童心理教育專家認為，孩子性格的養成是從小潛移默化培養出來的，在孩子成長過程中，經常使用帶有懲罰性質的話語，會使孩子養成自卑膽小的性格，或者產生對立情緒。有些家長認為孩子年齡還小，沒有自尊心、羞恥感，這可就大錯特錯了！其實就連兩歲的幼兒也有自尊心，只不過孩子的自尊表現形式不一樣。

　　家教成功的父母是深悟「良言」妙用的。他們善於觀察與揣摩子女的心態處境，然後選擇時機有針對性的用「良言」撫慰他、溫暖他、激勵他。當孩子受窘時，不妨說幾句話解圍；當孩子沮喪時，適時說幾句熱情

的話予以鼓勵；當孩子疑惑時，及時用柔和的語言給他提醒；當孩子自卑時，不忘記用他的「閃光點」燃起他的自信心；當孩子痛苦時，盡量設身處的說些安慰的話……這樣，孩子萎縮了的理想之花又會漸漸開放，垂落的人生之帆又會慢慢揚起。「良言」是家教的清風和春光，會迎來家庭氛圍的青山綠水。

常犯「口誤」

下面列舉一些家長常犯的「口誤」，期望所有的家長有則改之，無則加勉。

一、你怎麼這麼笨啊。

一些家長經常對孩子說「你怎麼這麼笨啊！」或者「你是木頭人嗎？」每當這類瞧不起孩子的話脫口而出時，都會損傷孩子的自尊心、削弱孩子的自我觀念。

二、你還小，不會做。

過度保護監督孩子會損傷孩子的自我觀念，削弱孩子的自主能力。因為當父母過分監督孩子的行為時，其實也是在告訴孩子：「你不能照料自己。」大多數家長對孩子照料自己的能力不很信任。我們應該把「只要孩子自己能做，絕不幫忙代做。」當作座右銘。這樣才能逐步培養孩子自己照料自己的能力。

三、考一百分，我就給你買玩具。

有些父母會許諾孩子，如果讀書成績好，就給他買什麼東西，以此作為動力，這不是個好辦法。這樣的賄賂會引發孩子做事的動機由內轉向外。使得他不是為了建立起良好的自我而學習，而是為了物質獎勵。這樣

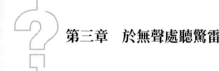

不利於孩子樹立良好的學習目的性。

四、再哭，讓大野狼把你抓走。

大約是「狼來了」的故事廣為人知的緣故吧！有些父母至今還拿「狼」這張王牌來恐嚇孩子。諸如此類的話還有「再不聽話，把你送給要飯的。」、「讓警察來抓你」、「讓醫生來給你打針」等等。如此去恐嚇孩子，會給他的身心健康帶來許多不良影響。

嬰幼兒正處在身體機能迅速發展的時期，恐嚇會給孩子的精神帶來壓力，加劇內心衝突，使其興奮和抑制失去平衡。長此以往，大腦皮質對皮下中樞的調節能力降低，自律神經和內分泌失調，內臟功能紊亂，容易誘發消化系統的疾病。

恐嚇還不利於兒童塑造良好的個人品格。父母若常用鬼、神、狼等恐嚇孩子，可能會使他建立條件反射，對同類事物產生懼怕感，造成膽小、怯懦、軟弱的個性品質。有的孩子常常在夜裡哭鬧，也與此有關。

恐嚇使孩子產生錯誤概念這件事不容忽視。在他眼中，狼、乞丐、警察局、醫院等概念都與恐懼相連，需要花很長的時間才能糾正過來。

因此父母不能為圖省事而胡亂嚇唬孩子。

五、下次再這樣，就要你好看！

採用恐嚇的方式來管教孩子，也會減弱他的自我觀念。如果父母說：「下次再這樣，就要你好看！」或者說：「你再打弟弟，媽媽就要狠狠揍你一頓。」每當孩子聽了這些話，他們會惶恐難過，從而對父母產生一種恐懼心理。

六、是爸爸好，還是媽媽好。

這句話多屬於玩笑話，但也是不能隨便亂說的。

除了父母親，孩子的姨媽、姑媽之類的親戚最愛開這種玩笑了。「我好還是你媽媽好？」她們常用這類話來逗孩子。

孩子不懂，如實回答了。招來一頓奚落，「我都給你買吃的了，還是你媽媽好？」

孩子想想也是，她給我買吃的了，這是事實；媽媽好，這也是事實。那該怎麼回答呢？

不久後，孩子就會答了：誰問他這個就說誰好。漸漸的，孩子還學會說奉承話了，見人說人話，見鬼說鬼話。他知道大人愛聽什麼話，反正哄著他們玩，不必講真話。

七、你必須馬上做完。

假如你希望一個兩歲的孩子和五歲的孩子一樣的循規蹈矩，只會使他自覺無能。因為你期望於他的，是他的年齡不可能達到的行為水準。這對他的自我觀念有極壞的影響。

八、你今天又……

會使孩子覺得父母認為他沒有理解事物的能力，久而久之，孩子會產生厭惡不快的感覺。其實，有條理的向孩子交代事情，會增強孩子的自信心和自尊心。

九、別聽你爸的。

有些父母憑自己的喜怒隨意設立規矩，同樣的行為有時會遭罰，有時當沒事。這樣會使孩子感到迷惑。孩子需要你用一套一致、可信、可靠的規矩來教育他。

十、別弄了，快過來。

如果你硬要孩子丟開他正做著的事，聽你的話做別的事，他的反應

會很不樂意。父母應事先提醒孩子，等一會兒要他做什麼，比如說：「小軍，差不多再過十分鐘，你該進來吃飯了！」同時，他們也可以允許孩子在服從命令之前有稍作抱怨的自由，比方說：「喔，媽媽，我非要現在進來嗎？」要求孩子立即而又盲目的服從，對撫育出獨立而自我調節的人，是無效的。

十一、打死你。

很不幸，如今仍有相當多的父母用打罵的手段來管教孩子。打罵孩子的時候，氣憤至極的父母還常說這樣一句話：「打死你！」

「打死你！」這一類空洞的話，只會降低父母的威信，不會有任何實際效果。因為當他說這句話時，表明他再也拿不出什麼好辦法了。由於這說的僅僅是一句「大話」，根本無法兌現（父母當然也沒準備去兌現），孩子並不會因此而停止他的活動。

有時我們發現孩子使我們越來越生氣，直到非懲罰他們不可。他們所有的行為確實促使我們想揍他們，這種挑釁的行為就是他們的目的，如果我們真的揍了他們，就中了他們的計策，幫助孩子達到了他們的報復目的。因為孩子的內心裡在說，你雖然把我打疼了，但是你生氣了，我感到滿足。

打罵孩子的父母是最無能的父母。如果你不喜歡打罵孩子，只是一時氣憤難以忍耐，那麼打罵將宣告你的失敗。如果你就是喜歡打罵孩子，那麼你就是一名需要治療的病人。

十二、他打了你，你怎麼不去打他。

如今的社會進入了競爭時代，孩子們的父母也與時俱進，不再講究「溫良恭儉讓」了。孩子在外面和小朋友打架了，回家後不免向家長訴說

一番，有的家長就問：「他打你沒有？」

「打了。」

「他打了你，你怎麼不去打他？」

家長把敢不敢與人對打看作孩子有沒有競爭意識了。因為現實教育人們，太老實了容易受人欺負，就得以血還血，以牙還牙，反正不能吃虧！

照這樣的邏輯引申下去可就不妙了：別人打你，你就打別人；別人不講理，你就不講理；別人偷你腳踏車，你就偷別人腳踏車；別人做壞事，你就做壞事……

這將變成什麼樣的社會？這將變成什麼樣的未來？你就準備讓孩子在這樣的環境裡生活？你準備讓孩子變成一個「總想占便宜，吃虧就難受」的人？

十三、他有尿床的毛病。

一位母親跟人閒談，話題扯到孩子身上時，「他有尿床的毛病……」話剛出口，一旁的小男孩羞紅了臉，露出怨恨的表情。

尿床這類生理缺陷，屬於「難言之隱」，孩子對此特別敏感。父母一般情況下不該向他人提及。這位母親的話，也許是在無意中說出的，但孩子卻誤以為母親在當眾讓他出醜呢。

孩子尿床，是因為腦子裡負責控制排尿的神經尚未發育完全，一般情況下隨著年齡增長自然就會消失。雖然此事不算什麼大毛病，但孩子的心理負擔卻很重，他會認為自己低人一等，產生嚴重的自卑心理，缺乏與人交往的勇氣。因此，如果孩子尿床，家長不必大驚小怪，只需勤洗床單就可以了。同時需要牢記：不要對孩子有任何埋怨的言辭，更不要將此事到處宣揚。你保護了孩子的自尊心，孩子會終生感激你的。

十四、媽媽求求你了。

教育學家認為：從小到大，我們大多數的人生活在有傳承性的家庭中，對孩子的教育方法會受到上一代的極大影響，往往將父母用於我們身上的一套，紋絲不動的用在我們的孩子身上，獎懲便是一項傳統的傳承。

先說懲。傳統教育中講究「棍棒底下出孝子。」這已被現代文明和大眾輿論所拋棄。國家法律也不允許父母再打罵孩子。

再說獎。現在的家長一般會用獎勵的辦法來教育孩子，為了讓孩子安靜一會兒，媽媽常說：「別說話，一會兒給你買冰淇淋。」這種方法也許當時有效，用多了就會失靈。

其實孩子不需要賄賂，不需要用交換的方式使自己變成一個好孩子。從本性上講他們自己是想要做好孩子的，孩子的好行為產生於他們自己的意願。孩子只有在自覺的情況下，才能成為原則的遵守者。紀律約束應當建立在相互尊重及合作的基礎上。如果他們知道大人是尊重他們的，他們就會接受大人的領導和指導。

最怕出現這樣一種局面：獎勵不管用，懲罰又不能用。孩子識破了大人的一切動機，軟硬不吃。家長恐怕就只好說：「媽媽求你了！」但是就連這句話也不能說，因為說了這話就意味著家長繳械投降，孩子會從內心裡更加蔑視你，紀律約束的基礎就土崩瓦解了。

十五、答應我，你再也不敢這樣了。

孩子犯了錯誤，媽媽氣極的說：「好，現在你要答應我，你再也不敢這樣了。」但不一會兒，孩子的老毛病又犯了，媽媽覺得自己受了騙，大怒的罵道：「你答應過媽媽的，怎麼又不乖啦？」媽媽應該要知道，要小孩許諾是沒有意義的。許諾和恐嚇是一對難兄難弟，對孩子不會起積極的作

用。假使碰上敏感的孩子，逼他許諾反而會使他再度犯錯。即使孩子不太敏感，也會使得孩子口是心非。

十六、你滾吧，想去哪裡就去哪裡。

父母教育失敗，孩子離家出走的事件屢有發生。許多情況下，孩子是被家長的話逼出家門的。

衝突爆發時，家長與子女雙方都擺出唇槍舌劍，互不相讓。有些父母利用孩子依賴性強的特點，動輒就用拋開他不管之類的話來恐嚇孩子，發洩自己對孩子的不滿。不少任性要強的孩子，因為忍受不了父母的嘲弄逼迫而離家出走。

「你滾吧，想去哪裡就去哪裡。」父母說出這句最後通牒式的話來，想逼迫孩子就範。當然這話並不是當真的，只不過想以它來結束這場口舌之爭。

但是孩子沒辦法應對。他當然不想離家出走，可一旦就此低頭，便會顯出自己的軟弱，難道就這樣屈辱的留在家裡？那還有什麼自尊可言？

他當然要逞一回英雄。「走就走！」就這樣真的離家出走了。

因此在任何情況下，父母都不應該用這句話來要脅子女，迫其改過。孩子有錯，應該明確的指出，即使在批評孩子的時候，也應該讓他感受到父母的慈愛和深情的關切，從而產生自強、自信、向上的力量。否則，即使孩子一時屈服了，也於事無補。

十七、我沒本事。

「我沒本事……」是一些過得不好的父母的口頭禪。他們在和孩子交談時把自卑感表露無遺，這樣做是不妥當的。被自卑感「傳染」的孩子，會認為「既然爸爸都沒本事，那我又能怎樣？」

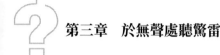

教育專家的研究表明，絕大多數孩子的自卑感是由家長誘發的。父母如果能堅定自信、樂觀向上，那麼，孩子對未來也是充滿信心的。

孩子的眼光常常會追逐社會現象，比如我們看到社會上有些人有特權，而自己的父母沒有；有些人神通廣大，而自己的父母卻安守本分，便會對父母提出許多疑問。這時候，父母千萬不要用「我沒本事」來開始你們之間的談話。你應該用辯證的觀點去貶惡揚善，指引孩子踏上堅實的成才之路。

十八、好好好，聽寶貝的。

過分縱容孩子並不利於孩子本身，因為孩子遲早要長大成人，要走上社會的。有些在家裡行得通的事，到外面就很難說了。因此，縱容只會剝奪孩子潛能的發展機會，阻礙他成為能幹、獨立、能自我調節的人。

正確的談話方式

(一) 暗示的方法

在日常生活中，家長可藉故暗示孩子的缺點，但不當面數落，給孩子一個自我反省的機會。例如：當發現孩子看電視離電視機太近時，父母可以說：「隔壁李叔叔小時候就是看電視坐得太近，所以才戴了眼鏡。」這樣既暗示了孩子，又告訴孩子看電視坐得太近的危害。

(二) 平等的方式

用平等的方式才能與孩子情感相通、心意相連、進行有效的談話。孩子犯了錯誤，父母總不免要批評，要求其改正；可是父母犯了錯誤，卻不

肯向孩子認錯道歉，請求諒解，這能讓孩子信服嗎？

（三）做忠實的聽眾，感情上給予呼應

父母要耐心傾聽孩子說些什麼，以便了解孩子的心理，從而才能掌握自己該說些什麼？孩子才會接受，並用行動配合。孩子受到某種刺激或做錯事，往往會在父母面前鬧情緒，甚至十分氣惱。遇到這種情況，父母不要一般的表示同情或反對，更不要大聲吼叫，而應溫和的講話。採取不可容忍態度，只能把問題弄得更糟糕。

# 第三章　於無聲處聽驚雷

第四章　亡羊補牢未為遲也

一、德育

把德性教給你們的孩子，使人幸福的是德性而非金錢。── 貝多芬

誠實

千教萬教教人求真，千學萬學學做真人。── 陶行知

美國的第一任總統喬治‧華盛頓，小時候有一次拿著斧頭，學著伐木工人砍樹的樣子，把父親花園裡的十二棵櫻桃樹苗全部砍倒了。父親非常氣憤，大聲怒吼，華盛頓很害怕，但還是鼓起勇氣走到父親跟前，低著頭說：「爸爸，我錯了，是我用斧頭砍倒了櫻桃樹！」盛怒的父親不由得一愣，轉而驚喜的說：「喬治，你能把這件事說出來，我感到高興，我寧願失去價值昂貴的十二棵櫻桃樹，也不願看到你撒謊！」

誠實是做人的基本品德，誠實守信向來被視為立身之本，臺灣人總是把誠實視為高尚的道德品質。誠則信，信則興。在今天，誠實不僅是道德的要求，同時也是法律的要求。只有誠實的人才能得到周圍人們的信任，古今中外那些為社會做出貢獻的人，都是誠實的人。

誠實是一種永恆的人性之美。在一項針對大學生的調查中，大學生們把「誠實」當成最重要的品德，把誠實當成一種永恆的人性之美。中外許多優美的民間故事也頌揚著誠實。例如：《三把斧頭》的故事講到，一位窮孩子上山砍柴，他走到橋邊不小心把斧頭掉進河裡去了，他哭了起來。河神聽見孩子哭得十分悲慘，就找孩子問個究竟，孩子把掉斧頭的事告訴了河神。河神跳下河裡找到一把金斧頭給孩子，孩子說不是他的。河神又跳下河裡找一把銀斧頭給孩子，孩子又說不是他的。河神再跳下河裡找一把鐵斧頭給孩子，這時孩子說是他的。孩子的誠實受到河神的讚賞。可見，

古往今來，誠實確實是一種永恆的人性之美。

誠實是可貴的人格之美。一個誠實的人總是給人可以信賴之感，會贏得大家的尊重。人們願意接近他，與他交往，與他共事。因此，誠實本身就是一種人格之美，蘊藏著強大的人格力量。

從小培養孩子誠實的品格，對孩子的成長來說意義重大。誠實的孩子能夠開心坦然的生活，問心無愧的面對他人、面對社會和人生，在一種和諧的氛圍中健康成長。反之，不誠實的孩子承擔著較大的心理負擔，影響身心健康。誠實的品格有利於孩子擁有並保持積極的心態。一個人說實話、說真話，才能問心無愧的面對社會和人生。俗話說：「平生不做虧心事，不怕半夜鬼敲門。」反之，一個人說假話，必然會因為害怕被人揭穿事實真相而終日提心吊膽，這種心理對於一個身心發育尚未健全的孩子來說，是一種很大的壓力，對他們的生活和學習都會造成很大的影響。久而久之，可能會形成一種多疑的心態和悲觀厭世的情緒。不誠實的人總是覺得別人也不誠實，總是懷疑別人，對誰都保持著防備心理，與人交往處於比較消極的心理狀態，容易造成心理疾病。

誠實的品格有利於老師、家長獲得真實資訊。對家長、老師來說，孩子說真話，家長和老師才能知道他們究竟在想什麼，才能適當的給予鼓勵、引導、幫助、勸阻和糾正。反之，孩子常說假話、撒謊的話，家長和老師就很難知道孩子的真實情況，很難在家庭教育和學校教育中給孩子提供恰當的指導和幫助。比如有些學生在家裡常騙家長說沒作業或已在學校完成，在學校又騙老師說做完放在家裡忘記帶來，而實際上他什麼也沒做。在老師與家長未發現真相之前，這個學生至少在學習上已落後一段了。

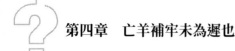

誠實的品格有利於孩子獲得他人、社會的信任，建立良好的人際關係。如果孩子不誠實，總是當面一套、背後一套的話，時間一長，孩子就會既不相信別人，也不相信自己，同時也會失去老師、同學、朋友的信任。這時孩子就很容易犯錯誤做錯事，甚至走上違法犯罪的道路，這方面的例子很多。根據調查，在犯罪的青少年中，大多數都是從說假話、撒謊騙人開始走上歪路的。有一個古老而又為大家所熟悉的《狼來了》的故事，不能不說是一個非常有啟發性的教材。

誠實的品格有利於孩子良好品德的培養和發展。一個具有誠實品格的人，他必然也是一個心胸坦蕩、敢於承認錯誤的人，這樣的人不管是在工作上、為人處事上，還是在生活上都是比較積極、樂觀、向上的。

誠實的品格有利於孩子樹立個人形象，增添個人力量。人的一生差不多都是在真與假的爭鬥中度過的，家長必須從小培養孩子的誠實的品格，使它變成一種巨大的精神力量，一種堅定的信仰。美國《培養孩子優秀成長報告》裡就有一項「美德即真言」的精神標準。由此可見，就連經濟發達強盛的西方大國也同樣重視培養孩子的誠實品格。

孩子合理的精神需要、物質需要沒有得到滿足，必然會自己尋求滿足需要的辦法。然而雙面行為是會發展的，一旦需要不斷擴張，就可能走向邪道。那麼，家長應該怎麼辦呢？下面讓我們來看一看專家推薦的培養孩子誠實品德的方法。

(一) 家長要自覺的負起責任。

誠實是很重要的道德品質。孩子誠實的品格主要是由家長來培養的，因為家長和孩子在一起的時間最長，對自己的孩子最了解，對孩子的影響也最大，責任也最直接，因此家長應該負起責任。我們要教會孩子學會做

人，就要教育孩子成為誠實的人，培養孩子誠實的品格。

（二）重視環境對誠實品格的影響。

孩子的某些不誠實行為是由於不自覺的受周圍某些成人或同伴的感染而產生的。如做了錯事為逃避懲罰編造一些謊言來掩飾，或者受虛榮心的誘惑貪圖得利而撒謊等。因此，家庭教育應該注意為孩子提供一個真實的生活環境，父母尤其要以身作則。

（三）正確對待孩子的過錯。

孩子或因自制力弱，或因年幼無知，或其他偶然的原因，常會出現犯錯。對此，家長要冷靜對待。孩子犯了錯誤時，家長要本著關心愛護的原則，態度溫和的鼓勵孩子承認錯誤，幫助孩子找出錯誤的根源，改正錯誤。這樣，孩子會信賴你，親近你，敢於向你說真話。如果用訓斥、譏諷或體罰來對待孩子的過失，就可能使他們為了逃避「災難」而說謊。

家長應從自己做起，從身邊小事做起。孩子做錯了事，家長可以批評孩子。同樣的，家長做錯事，孩子也可批評家長。當家長聽到孩子的批評時，應謙遜的說：「對不起，此事我沒了解清楚，錯怪了你，請原諒。」等等。千萬不要為孩子不聽話，敢頂撞自己而惱火。相反的，家長要為孩子能明辨是非，主持公道，敢於發表意見而高興。這樣潛移默化，孩子以大人為榜樣，就能逐漸形成伸張正義，大膽認錯，敢於改錯的好品德。

（四）學會肯定、鼓勵孩子，不要主觀、武斷的濫施批評、訓斥、懲罰。

本書中也談了如何表揚、批評、懲罰的問題，請家長再仔細讀一讀、

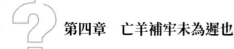

想一想。許多家長的做法讓孩子害怕，而不是心服口服，使得孩子被逼出雙面行為來。因此，家長應該反思，調整自己的施教與言行。

（五）分析孩子的精神需要、物質需要和玩耍的需要，盡量滿足其合理的部分。

應該聽聽孩子的心裡話，不要完全以成人的想法去套用在孩子身上。當孩子講出需要之後，跟孩子一起分析哪些是合理的，哪些是不合理的；哪些是現在可以滿足的，哪些是以後可以滿足的。按照商定的內容去做，無需說謊、造假。對孩子提出的合理要求，如果一時無法滿足，必須向孩子說明理由。如果對他們的願望與要求不分青紅皂白的一律不予理睬或一味拒絕，就容易使他們說謊或背著家長幹壞事。

（六）區分撒謊與想像。

小學階段，孩子正處於想像力開始迅速發展的階段，想像力較為豐富，有時會在不知不覺中把看到的和聯想的、真實的和希望的混淆在一起，但這不能說是孩子在撒謊。要注意鼓勵孩子大膽想像，不能把孩子的想像簡單的歸類為撒謊。

（七）對孩子進行誠實品格的教育。

要用舉實例、講故事的方法教育孩子誠實的品質對人的發展多麼重要，做人不誠實會帶來什麼惡果。對社會上那種「誠實會吃虧」的錯誤論調要態度鮮明的進行批判，要讓孩子堅信，弄虛造假、說謊拐騙的人是社會的蛀蟲，必將受到懲罰。而誠實的品格必須從小培養，從小做一個誠實的人，自己有缺點、錯誤要勇敢承認，接受批評、自我反省，絕不應該隱

瞞、造假。這樣，長大了才能坦坦蕩蕩、光明磊落的做人。

（八）家長要給孩子做出誠實的榜樣，一定要遵守諾言。

平時，家長說過的話、答應的事，家長一定要信守諾言，對於孩子做不到的事不要要求，要求孩子做到的事一定要做到，不能隨便更改。例如：有的孩子在學校表現不好，學習成績差，家長不加思考的就對孩子說：「再不改正你的壞習慣，以後就不要踏進家門！」結果孩子還是天天回家。有的家長要求孩子完成作業以後再看電視，完成作業以後才上床睡覺。結果，電視播出新節目，孩子忍不住看了，電視節目結束，眼皮打架了，只好睡覺，第二天早晨才匆匆趕完作業。有的家長往往給孩子承諾，要是學習成績能提高到九十分以上，就給他買東西，帶他去旅遊……結果卻因工作關係或經濟問題落了空。父母以上的作為將留給孩子什麼呢？留下的是：父母說話不算數，欺騙兒女的印象。這樣一來，久而久之，孩子說話也會隨隨便便，總是有意無意的說謊話，形成表裡不一的壞習慣。你如果要求孩子拾金不昧，家長就不能將撿到的物品據為己有；如果要求孩子不說謊話，家長就不能哄騙孩子。不然，孩子是難以形成誠實品格的。

（九）培養孩子強烈的責任心。

孩子雖小，但也是社會的一分子，要培養孩子的責任心，知錯、認錯、改錯就是責任心的一種表現。知錯、認錯、改錯不但有利於個人，還有益於團體和國家。假如有人製造假貨、劣質品、冒牌貨，此行為將侵犯他人的權益，也危害了廣大民眾，同時損害了國家的聲譽。可見，小錯不改會釀成大過，小時候說小謊，長大了就會說大謊。因此，要從小培養孩子不隱瞞缺點，不遮掩錯誤，不逃避責任，有錯必改的好習慣，以此培養

孩子的責任心和誠實的品質。

（十）適度、合理的懲罰。

在家長認真耐心的教育之後，孩子仍出現說謊等雙面行為，可以採取一定的懲罰措施。我們可以創造一些有效的措施，如懲罰孩子朗誦一個講誠實的故事，抄寫一段論誠實的名人名言，寫一篇討論誠實問題的日記或文章，取消一次外出遊玩的安排等……

【相關案例】

怎樣對待孩子撒謊？

一般來說，孩子是最愛說真話的，但有時也會撒撒謊。例如：曉風是個十歲的男孩子，他最近很忙，除了抓緊時間複習功課迎接期末考試外，還要到教會練手風琴，準備參加年底的手風琴檢定。一天，他放學後就和媽媽一起去了教會，到家時已經晚上八點多了，匆匆吃了晚飯就馬上拿出作業寫起來，一直到十點多才完成。這一忙，曉風就把語文測驗給忘了，沒有準備，結果他只考了七十分。他怕媽媽知道了責備自己，就讓別人簽了媽媽的名字，交給了老師。老師發現後請來了曉風的媽媽，媽媽真是又氣又急，她不明白平時這麼乖的兒子，為什麼撒謊騙她。曉風這種說謊的現象在很多孩子身上出現過。因為孩子對道德規範的認識發展不平衡、不完善，所以常常會出現品德之外的所謂「撒謊」現象。面對這種現象，家長應正確對待：一是了解孩子撒謊的主要原因。看是不是為了逃避懲罰而進行自衛。就像曉風，為了逃避媽媽的斥責，讓別人代替媽媽簽字。二是家庭的影響造成孩子說謊。有的家長不守信用，向孩子許下的諾言總不能兌現，時間長了，孩子也跟著學。所謂「身不正則影子斜」，就是這個道

理。三是為了炫耀自己而自誇自大。有些孩子為了抬高自身的地位，成為大家注意的中心，而自吹自擂。四是害怕失去大人的信任。有些孩子犯了錯誤以後，生怕自己做錯事而使得家長、老師不再喜歡他，故而撒謊掩蓋。想要採取措施防治孩子說謊。一是要讓孩子知道撒謊是錯誤的，以及撒謊帶來的後果。當你發現孩子有撒謊徵兆的時候，不能當作玩笑一笑了之，要告訴孩子說謊是不對的，讓他們知道你誠實對別人，別人才會信任你、尊重你。二是在批評孩子說謊不對時，要顧及他的自尊心。不要當眾或在公共場合當場揭穿斥責他。要在沒有別人的情況下，單獨與孩子交心。三是要給孩子改正錯誤的機會，一旦孩子承認了錯誤，說出了真相，就不要再追問下去。必要時還需要給予鼓勵，發現孩子改正了錯誤就不要再提起這些。四是家長要以身作則。家長對孩子不要說謊，不要給孩子帶來不好的影響。結束語：誠實是做人的基本品德，家庭教育中一定要注意培養孩子誠實的品質。誠實的品德需要從小培養，從細微處培養，靠家長的示範去培養。

寬容

現在的青少年，大部分是獨生子女，在家裡備受長輩的寵愛嬌慣，幾乎都成了「小皇帝」，全家人都圍著他轉，無論做什麼都以「小皇帝」的意志為先，在家裡為所欲為。條件優渥的家庭更滋長著他們的嬌氣任性、固執蠻橫。這就導致了他們在交往時非常缺乏互相合作、寬容的精神。他們往往為一點小事而斤斤計較，互不相讓，甚至大動「干戈」。

那麼怎樣才能培養孩子的寬容心呢？

（一）要教育孩子學會「關愛」別人，這是培養寬容意識的起點。孔子在談到「愛人」時曾說：「己所不欲，勿施於人」、「己欲立而立

人，己欲達而達人」，提倡在人與人相處時，要拿自己做標準，推己及人，從而達到更好的關心別人的目的。同樣的，「我愛人人，人人愛我」也是告訴我們在與他人的交往中，要時時都有一種「設身處地」的思想，來理解別人、體貼別人。當自己有困難或遭到不幸時，總是希望能得到他人的幫助，因而，在別人遭到困難和不幸時，自己就應當主動的去關心他人。一味的責怪他人不關心自己而不知道關心別人的人，是永遠也處理不好人和人之間的相互關係的。

(二) 多對孩子講一些古今中外名人「嚴以律己、寬以待人」的故事。
如：清代著名政治家張延玉，他是康熙、雍正、乾隆三朝的極有權勢的大臣，當他老家因與鄰居爭執一道牆該建在哪裡而要他出面干涉時，他給家中寫了一首詩：「千里求書為道牆，讓他三尺有何妨？萬里長城今猶在，誰見當年秦始皇。」

(三) 要教育孩子認清自己在家庭中的位置，讓他懂得他只是家庭中的普通一員，不能對他嬌慣，更不能無限度的滿足他的願望，不能給他特殊權利，讓他高高在上。

(四) 多給孩子與同伴交流的機會，使之從中得到鍛鍊。讓孩子在發生矛盾的後果中體味到只有團結友愛、寬容謙讓才能享受共同玩耍的快樂。

(五) 要教育孩子理解和尊重自己的長輩，體諒長輩的辛苦，珍惜長輩的勞動成果和對自己的愛護。

(六) 家庭成員間要友愛寬容，讓孩子從小就生活在一個溫馨、和諧、友愛寬容的家庭環境中，使其在潛移默化的影響中，逐步

　　形成穩定的寬容忍讓的良好品格。

（七）必要時讓孩子有一些吃虧讓步的體驗，以鍛鍊孩子的克制能力。

　　讓我們再聽聽一位父親對孩子的深情教誨：

　　我們常聽人說：「我恨死某人了。」這種憎恨心理對其自身的不良情緒起了不可低估的作用。一方面，在憎恨別人時，心裡總是憤憤不平，希望別人遭到不幸、懲罰，卻又往往不能如願。這種失望、莫名煩躁，使人失去了往日那輕鬆的心境和歡快的情緒，攪得他心神不寧。另一方面，在憎恨別人時，由於疏遠別人，只看到別人的短處，在言語上貶低別人，行動上敵視別人，結果使人際關係越來越僵，以致樹敵為仇。而且，今天記恨這個，明天記恨那個，結果朋友越來越少，對立面越來越多，嚴重影響人際關係和社會交際，成為「孤家寡人」。這樣一來，承受能力越來越差，社會支持越來越少，情緒也會一落千丈，鬱鬱不可終日。

　　人生有緣相處，或親情相依，或同窗共讀，或合作共事，或結伴同旅，彼此之間，總會有一些磕磕絆絆、恩恩怨怨。為何不以情為重，化解衝突，做一個寬容的人呢？

　　林肯衝破重重阻礙當上美國總統之後，仍留用了一個能力很強的死對頭擔任部長之職。幕僚和隨從們都十分不解。

　　「他是我們的敵人，應該消滅他！」大家憤怒的建議。

　　「把敵人變成朋友，這樣既消滅了一個敵人又多得了一個朋友。」林肯解釋說。

　　從這裡，我們可以看到，寬容者有著寬廣的胸懷和巨大的智慧。

　　在這裡，有一些生活決竅可以幫助你走出憎恨的泥濘小路，踏上寬容的康莊大道：

第四章　亡羊補牢未為遲也

（一）**正視你的怨恨**。很少人會承認自己憎恨某人。可是，我們不承認的那種憎恨卻在內心燃燒，影響我們的人際關係。這表明了，這種憎恨常常藏於內心深處。既然如此，那麼公開承認這份憎恨反而會更感到寬慰。不妨直接告訴對方：「你曾傷害過我」，以喚起對方的良知，從而產生共鳴，化解嫌隙。

把壞事與做壞事的人分開，對事不對人。我們應對其行為表示憤怒，而不應對行為者表示憎恨。寬容就是尋找傷害過你的那個人的新形象，發現他的優點。當我們開始更深刻的認識到對方其實是需要幫助的，任何人都難免會犯錯誤時，我們的感情就會發生新的變化。

（二）**既往不咎**。這絕不意味著完全忘卻了別人對自己的傷害。事實上，過早的忘卻也許是一種逃避心靈寬容療法的危險做法。然而，一旦我們有了寬容的表示，那麼，忘卻便是一種健康的徵兆。我們最終能夠忘卻，是因為我們和解了。

（三）**不要在寬容方面失去信心，要堅持下去**。憎恨的習慣是很頑固很難摒棄的。受到的傷害越深，消除的時間也就越長，但只要緩慢的變化，我們就應當寬容。

當然，豁達並非等於無限度的容忍別人，不等於對已構成危害的行為加以接受或姑息。但對於個人而言，豁達往往會有更好的人際關係，自己在心理上也會減少仇恨和不健康的情感；對於一個群體而言，寬容開朗，無疑是創造一種和諧氣氛的調節劑。因此，豁達寬容是建立良好人際關係的一大法寶，同時也是一個人個性完善的體現。

大家都喜歡胸懷寬大的人。假如你打算多交些朋友，首先要寬宏大量。應該常去說別人的好話，常去注意別人的好處，沒有豁達就沒有寬

容。無論你取得多大的成功，無論你爬過多高的山，無論你有多少閒暇，無論你有多少美好的目標，沒有寬容心，你仍然會遭受內心的痛苦。要知道「世界上最大的是海洋，比海洋更大的是天空，比天空更大的是人的胸懷。」

最後請你做一個心理測試，來測測你的寬容度：

請對下列問題作出「是」或「否」的選擇：

一、有很多人總是故意跟我過不去。

二、碰到熟人，當我向他打招呼而他視若無睹時，最令我難堪。

三、我討厭和整天沉默寡言的人一起生活、工作。

四、有的人嘩眾取寵，說些淺薄無聊的笑話，居然能博得很多人的喝彩。

五、生活中充滿庸俗趣味的人比比皆是。

六、和目中無人的人一起共事真是一種痛苦。

七、有很多人自己不怎麼樣卻總是喜歡嘲諷他人。

八、我不能理解為什麼自以為是的人總能得到上司的重用。

九、有的人笨頭笨腦，反應遲鈍，真讓人生氣。

十、我不能忍受上課時老師為遷就成績差的學生而把講課的速度放慢。

十一、有不少人明明方法不對，還非要別人按著他的意見行事。

十二、和爭強好勝的人待在一起使我感到緊張。

十三、我不喜歡獨斷專行的上司。

十四、有的人成天滿腹牢騷，而我覺得這種處境全是他們自己造成的。

十五、和怨天尤人的人打交道使自己的生活也變得灰暗。

十六、有不少人總喜歡對別人的工作百般挑剔，而不顧及別人的情緒。

十七、當我辛辛苦苦做完一件工作卻得不到別人的認可和讚賞時，我會大發雷霆。

十八、有些蠻橫無禮的人常常事事暢通無阻，這真令我看不慣。

每題答「是」的記一分，答「否」的記零分。各題得分相加，統計總分。

十三到十八分，說明你需要在生活中加強自己的靈活性，培養寬容精神；

七到十二分，表明你具有常人的心態，儘管時時碰到難相處的人，有時也會被他們的態度所激怒，但總體來說尚能容忍；

零到六分，說明外界的紛繁複雜很難左右你平和的心態。

自立自強

「天行健，君子以自強不息。」可以說，自強不息的精神是優良的傳統美德。凡是有志氣、有道德、有本領的人，必定是自強不息的人。我們的祖先歷來告誡年輕人「少壯不努力，老大徒傷悲」，即使對老年人也宣導「老驥伏櫪，志在千里。烈士暮年，壯心不已」的自強精神。我們的家長們都在以自強不息的精神求生存、求發展，家長們無不希望自己的孩子也具備自強不息的精神。然而我們卻看到，有的家長抱怨孩子依賴性太強，什麼事情都依賴家長，自己能做的事情也不去做、不會做；有的家長抱怨孩子沒志氣，缺乏上進心，得過且過；有的家長抱怨孩子經不起一點困難和挫折，不能知難而進；有的家長抱怨孩子玩心太重，玩起來生龍活虎，一坐下來讀書就無精打彩，甚至厭學、翹課。孩子不自強，不能怪孩子，是我們的教育 —— 家庭教育和學校教育不當所造成的。有三個有主要原因應引起重視。其一，不相信孩子有能力做好一些事情，總是持懷疑甚至

認為孩子不行的態度；其二，否定評價和責備太多，肯定評價太少；其三，代替孩子做的太多，孩子自主性被嚴重束縛。這些原因日積月累，孩子的自信心會越來越弱，沒有了自信，談何自強？

培養孩子的自強精神需要家長與教師共同努力：

（一）幫助孩子樹立奮鬥目標。沒目標就沒有幹勁。每個孩子情況不同，目標要切合實際，不能定得太高，要讓孩子「努力跳一跳，就摸的到。」如果目定得太高，總是達不到，孩子會失去信心。對於問題較多的孩子，目標要具體，內容要少一點，不能一下子貪多，多了容易達不到，難以建立自信。孩子每達到一個小的目標，就及時肯定，孩子就會增加一分自信，增加一點自強精神。

（二）幫助孩子成功。每個孩子都有成就動機，問題再多的孩子也渴望有成功的機會，渴望品嘗成功的喜悅。當幫助孩子訂出了具體奮鬥目標時，還必須有達到目標的具體措施，比如可行的學習計畫、勞動計畫、具體內容、檢查辦法等。成功由小到大，在於點滴積累。在追求成功的過程中，遇到困難最需要家長的支援、鼓勵和幫助，這是培養自強精神的關鍵。

（三）化責備為激勵。缺乏自強精神的孩子，越責備越沒信心，嚴重的還會自暴自棄。教育者要轉換思考方式，從尋找孩子的缺點變為尋找孩子的優點，從否定評價變為肯定評價，從責備變為激勵。常用以下的語言：「這次做得不錯！」、「有進步，我很高興。」、「好樣的，再努力一把會更好！」、「你真行！」、「好棒，該慶祝一下！」、「知錯就改，很好。」、「別洩氣，失敗是成功

之母。」、「有什麼困難，我們一起想想辦法。」……

（四）取消一手包辦，多給孩子自主的機會。不管是在生活中，還是在學習上，凡是應該讓孩子自己做的，家長就不要越俎代庖。家長應該堅持這樣的原則：你能做的，我絕不替你做；你不會做的，我教你做；你讓我做的，我要考慮該不該做。如果家長總代替孩子做事，孩子就會養成依賴性，依賴是自強的大敵。有的家長認為在生活方面多替孩子服務，讓孩子把時間用在學習上會有好處。其實不然，生活上的依賴會干擾、阻礙學習上自強精神的形成。有自強精神的孩子，生活上也不會依賴家長。

（五）教育孩子正確對待挫折。孩子的成長，必須經過各種考驗，教育孩子在遇到挫折時，不灰心，不喪氣，總結教訓，振奮精神，繼續前進。這是培養自強精神的重要時機。讓孩子從小懂得「人生無坦途」，要樹立大無畏的精神和勇氣。

【相關案例】

如何培養孩子的自理能力

雖然家長們都知道孩子以後要獨立生活，不可以沒有自理能力。但是，由於現代的父母特別是母親們，因家裡只有很少孩子，恨不得把孩子所有的事情都幫孩子做了，似乎只有這樣才能表達對孩子的愛。她們忘記了自己的教育責任 —— 訓練孩子的生活自理能力，讓孩子從小就學會自己的事情自己來做，不依賴他人。這既是孩子成長的需要，也是民主、平等、和諧的家庭生活的需要。

（一）家長本人一定要有培養孩子自理能力的意識。家長缺乏培養孩

子自理能力的意識主要有兩個原因，一方面是心疼孩子，不願意讓孩子「受苦」，怕孩子不小心傷著或碰著。另一方面是家長的怕麻煩，有些家長對我說：有教孩子做事情的那些時間，自己也就替他做完了。當今獨生子女的家長普遍存在著上面兩種心態。比如說，有一個男孩，今年十四歲，學習成績在班裡屬於中下等，在家裡，除了看書學習以外，整天就坐在自己屋子裡發呆。他父母很焦急，擔心他有什麼問題，請我到家裡看看。我透過與他的交談，並未看出他智力上有什麼異常，但我卻發現這個孩子有一個明顯特點，就是不願意做任何事情，包括與家裡人說話。他說他不知道做什麼，也不知道跟父母說什麼。小的時候他只管吃和玩，其餘的事情父母都替他做好。上學以後，父母就只讓他學習，給他請了許多家庭教師，還給他買了電腦，家務事一點也不用他操心，連他的腳踏車沒氣了，都是家人幫他打好了氣他才繼續騎。但他的學習成績並沒有讓父母滿意。我問他有沒有想過父母因他的學習成績上不去而產生的心理焦慮，他告訴我這是父母自己的事情，和他沒關係，學習成績是他自己的事情，如果他願意，他就會考好。從這個男孩身上可以看出，孩子的自理能力與責任心是緊密相連的，如果孩子的家長在孩子需要有自理能力時，沒有給予適當的教育和訓練，那麼他就會喪失做人的一種能力，無法在已有的經驗上體會對他人的責任心，包括對父母。這個男孩一定認為父母既然能為自己做好一切事情，那麼他們自然可以處理好這種焦慮，自己完全不用理會父母的這種焦慮。事實上，這種完全

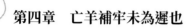

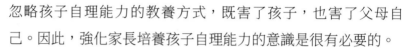

第四章　亡羊補牢未為遲也

　　忽略孩子自理能力的教養方式，既害了孩子，也害了父母自己。因此，強化家長培養孩子自理能力的意識是很有必要的。

（二）家長對孩子做的事應以鼓勵、肯定為主。孩子由於年齡小，認知水準不高，考慮問題不周全，力氣也小，在做事的過程中，難免會出現一些失誤。大人不應因此指責孩子，更不能懲罰孩子，而應首先鼓勵孩子做得對的地方。對於孩子有失誤的地方，要幫助他們分析原因，找到問題所在，以提高操作的技能和水準。這樣，既能保護孩子自理活動的自覺性、積極性，培養良好的心理品質，又能幫助孩子逐步走向成熟，不斷提高自己的認知水準和自理活動能力。家長還可以做些示範，比如有教子有方的家長教孩子做家務所採用的「三步教學法」就是一種示範的方法。首先是大人先做一次示範表演，讓孩子在旁邊仔細觀察。然後，家長和孩子再一起做一遍，發現孩子做得不對時及時予以糾正，必要時可以手把手的教給他們那些較複雜的動作。最後，放手讓孩子獨立去做一遍，大人在一旁觀察指導。孩子如有興趣，可以讓他們反覆多做幾遍。如果孩子總是做得不好，家長切不可性急，更不能謾罵或挖苦，要以鼓勵為主，肯定他做的好的方面，在此基礎上指出其不足之處，使孩子感到自己只要再加把勁就可以做好了。這樣的教育方法，不僅可以鍛鍊孩子的自理能力，而且極大的增強了孩子的自信心，對促進孩子身心發展將產生積極作用。

（三）培養孩子的自理能力要從讓孩子學做家務開始。家長在訓練孩子的自理能力的時候，除了訓練孩子自己管理自己的日常生活

以外，還要特別訓練孩子學做家務。比如：讓孩子自己做早餐、洗襪子、拿牛奶、買東西等。家長在吩咐孩子做家務時要有耐心，孩子主動幫助做家務應得到鼓勵。同時，家長對孩子應提出切合實際的要求並做具體的技術性指導，即使是洗手帕、洗碗或收拾房屋也要注意這一點。當孩子不願意去做家長吩咐的事情時，家長要講明白道理，把具體要求說清楚，態度堅決的要求孩子完成。千萬不要嘮嘮叨叨的說個不停，而且最後還是對孩子讓了步，這樣孩子會認為自己「勝利」了，以後，再遇到這種情況孩子仍可以採用這種辦法來對付父母。這會給訓練孩子自理能力的效果和家長的教育權威帶來威脅。家長還要讓孩子們懂得讓他們做家務是要培養他們獨立、勤勞、剛強、負責任的心理品質，以及鍛鍊他們的自理能力。

怎樣培養孩子的獨立生活能力？

培養孩子的獨立生活能力是一項長期、繁瑣、細緻的工作。進行這項工作，家長應做到以下幾點：

（一）要有耐心，不厭其煩。例如教孩子自己穿鞋、扣扣子，家長要先教給孩子正確的方法，耐心觀察，等待孩子實作，還要及時的鼓勵，耐心的幫助。這比家長親自替孩子穿鞋，系扣子自然要麻煩一些，又浪費時間，但是要知道孩子的獨立生活能力就是在一件件生活小事中培養起來的。

（二）要遵循由簡到繁，循序漸進的原則。例如，在培養孩子獨立吃喝方面，教一歲時的孩子用小湯匙吃飯，到一歲半左右，就要教孩子左手扶著碗、右手拿餐具自己獨立吃飯，還要教他用雙

手拿著茶杯喝水，飯後用餐巾擦嘴。這樣到了兩歲半，孩子就能順利的、乾淨俐落的吃完一頓飯。

（三）可以透過遊戲來調動孩子的積極性。例如，教三、四歲的孩子自己洗臉，可以採用遊戲的口吻，「今天媽媽和小明比賽，看看誰的臉洗得又快又乾淨。」然後，給孩子一塊毛巾，邊示範，邊講解洗臉、洗手的順序，孩子會很有興趣的學習洗臉的動作。

（四）要做到要求一致，持之以恆。幼稚園要求小朋友做的一些事情，不能回家後卻是家長替孩子做；或者父母要求孩子做的，奶奶卻來包辦，這都不利於孩子獨立生活能力的培養。只有老師、家長協調一致，共同要求，反覆強化，才能使孩子早日形成獨立生活的能力。

（五）要對孩子曉之以理。家長應該讓孩子知道，為了使家庭生活更美好，使孩子生活得更舒適，爸爸媽媽除了每天上班以外，回到家裡還要做很多事情 —— 買菜、做飯、洗衣服、收拾屋子等，父母是很辛苦的。孩子也應參加力所能及的家務勞動，如掃地、擦桌子、洗碗以及自我服務勞動，讓孩子感到自己是家庭集體中的一個成員，他也應該為家庭做一些事情，這樣就能逐漸形成勞動的習慣。

自尊自信

有一句教育名言是這樣說：要讓每個孩子都抬起頭來走路。「抬起頭來」意味著對自己、對未來、對所要做的事情充滿信心。任何一個人，當他昂首挺胸、大步前進的時候，在他的心裡有諸多的潛臺詞 —— 「我可

以！」、「我的目標一定能達到！」、「我會做得很好的！」、「小小的挫折對我來說不算什麼！」……假如每一個小學生、中學生都有這樣的心態，肯定能不斷進步，成為德智體群美全面發展的好學生。然而，事實上有相當數量的孩子缺乏自信心，缺乏上進的勇氣，本來可能有十分的幹勁的，現在也只剩下五、六十分甚至更少了。長此以往，很難振作起來，成為一個被自卑感籠罩著的人。不但會延遲進步，甚至可能自暴自棄、破罐子破摔，那將是很可怕的。為什麼會出現這種現象呢？這是外因和內因互相作用的結果。從外因來說，可能是受到的貶抑性評價太多，處境不良，缺少成功的機會；從內因來說，可能是自尊心受損，自信心下降，又缺乏自我調控的能力。比如說，一個孩子在班級中不被重視，在團體中沒有表現自己能力的機會，或者在老師、家長面前受到太多的批評、指責，甚至諷刺、挖苦，或者受到某種挫折（如考試成績差）後沒有得到應有的指導和具體幫助，都會傷害孩子的自尊，影響到自信。而後，若其表現不佳，又可能招致新的貶抑，形成惡性循環。任何人都有自尊和被人尊重的需要，孩子也不例外。而自尊、被人尊重，是產生自信心的第一心理動力。

有一個小男孩父母雙亡，跟哥哥一起過日子。這個哥哥經常打他、罵他、不給他飯吃。他學習成績不好，班上同學看不起他。他成了一個名副其實的落後生。一位老師接班以後，了解了情況，於是經常到他家裡幫他收拾屋子、做飯，讓他穿上整潔的衣服。他哥哥看到老師的做法，也慢慢轉變了對他的態度。只要這個男孩學習有一點進步，教師就表揚、鼓勵他，慢慢的他的成績越來越好。這個男孩在一篇日記裡寫道：「我感覺到在我的老師面前我是一個人，我的頭上也有一顆太陽。」這個事例多麼發人深省啊！我們的孩子，絕大多數沒有那個男孩的境遇，但是，他們

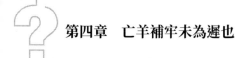

第四章　亡羊補牢未為遲也

是否得到了應有的尊重？特別是當他他有缺點、有錯誤、學習成績不好的時候。

每位家長都希望自己的孩子充滿自信的前進，應該怎麼做呢？

尊重孩子的人格。尊重人格是不分時間、地點的，也不分是優點多還是缺點多。如果一位家長在孩子有好成績時就尊重他，在出現問題時就不尊重他，任意褒貶，這就做錯了。家長不妨用換位思考的方法想一想，自己有了缺點、錯誤時，希望別人怎樣對待自己。孩子渴望被尊重，首先就是被家長和老師尊重。尊重孩子，就不能對孩子說有辱人格、有傷自尊的語言。「你沒出息！」、「你不可救藥！」、「你是豬腦子！」、「我對你完全失望了！」、「早知你這麼笨，當初就不該生你！」、「你把我的臉都丟光了！」⋯⋯這些話應該從家長的語言裡消失。另外，打孩子最傷害孩子的自尊，任意懲罰孩子也傷害孩子的自尊。請家長記住，切不可為了自己的尊嚴，傷害孩子的自尊。

用全面的眼光看待孩子，用發展的眼光看待孩子。家長經常貶斥孩子，傷害孩子的自尊，降低孩子的自信，與家長思考的狹隘性有直接關係。本來孩子就是一個完整的人，是一個不斷發展的人，看待孩子應用全面的眼光、發展的眼光。有了這樣的觀念，就不會一葉障目，只看一點、不管其他，也不會因孩子一時表現欠佳而氣急敗壞、大發雷霆。

幫助孩子成功，經常鼓勵孩子。任何微小的成功，都能增強人的自信。一個孩子，當他寫好一個字，答對一道題目，得到一個小獎品，洗乾淨一雙襪子，做出一道菜，扣好一個鈕扣，擦乾淨一次地板時，他都有成功的喜悅，會期望自己下一次做得更好。作為家長，給孩子幫助，讓他點滴的積累成功體驗，並不是多麼難的事情。這就要大處著眼，小處著手。

在一個個小小的成功中，累積一分一分的自信。可是，家長往往只看學習的成功與否，而不重視孩子自信心的培養，甚至打擊孩子的自信。建議家長從小事做起，多幫孩子一把。比如孩子不會洗碗，不要指責他，要耐心告訴他怎樣刷才能洗乾淨，緊接著鼓勵他：「這回洗得真乾淨！」鼓勵性的語言有很多，家長應該多用、多創造。比如：「你真行！」、「你真能幹！」、「不要洩氣，再努力一下就會成功！」、「我真為你驕傲！」、「沒關係，失敗是成功之母！」……有一位家長對我說：「我試著對孩子說鼓勵性的話，可是孩子說：『我知道你在騙我。』」這是為什麼？說明這位家長經常否定孩子，所以，孩子沒有聽出家長的真誠來。

教孩子學會積極的自我暗示法。對於做事缺乏信心的孩子，特別是那些自卑感強的孩子，在不斷肯定他們的微小進步、指出他們的優點的同時，要教育他們在面臨困難和挫折時，進行積極的自我暗示：「我可以！」、「我再努力一下就會做好的！」、「我不會被困難嚇倒的！」……

有的家長不相信孩子，說不出鼓勵孩子的話，常常是因為他們自身也缺乏自信，不相信自己的教育能夠成功，不相信自己可以找到更有效的教育方法。看來，家長的自信是非常重要的。

另外，培養孩子的自信心必須與老師配合，讓孩子在學校也得到成功的機會，得到鼓勵而不是貶抑。

【相關案例】

自卑兒童的鍛鍊方法

我們每個人都有不同程度的自卑，孩子也一樣，只是自卑的表現形式與成年人不盡相同。所以，家長對孩子有些自卑不可大驚小怪，只要善於引導，孩子很快會有變化。對自卑的孩子的鍛鍊方法也是多種多樣的，要

第四章　亡羊補牢未為遲也

依孩子的不同情況加以選擇。一種方法叫做環境鍛鍊法。兒童對於社會環境缺乏了解和認識，面對變化紛呈的社會環境總不免產生一些自卑心理。要讓孩子主動到各種環境中去進一步了解環境、熟悉環境、適應環境。對陌生的東西熟悉了，也就沒有什麼感到可怕了。還有一種方法叫消除緊張法。有些兒童自卑是由於精神受到某種壓抑，行為受到限制，造成精神緊張，部分的失去了自信心。要引導兒童敢於面對現實，大膽的進行各種活動的嘗試，並不斷鼓勵他的每一點進步，使之自由活動的範圍逐漸增加，克服緊張心理，增強信心，這樣自卑情緒也就自然消失了。此外，還有廣泛交際治療法。就是讓孩子廣泛的交結朋友，使之在與別人的交往中取長補短。一個孤獨的孩子是很難去掉自卑感的，心胸豁達、性格開朗是醫治自卑的一種絕好藥方。

責任心

幾十年前，美國的一個小鎮上，一群十多歲的孩子在踢足球，玩得很開心。忽然間，一個男孩飛起一腳，球不偏不倚的向一家雜貨店飛去，把雜貨店的玻璃門砸得粉碎。店老闆聞聲而出，捉住了那個男孩，向他索賠一百二十五美金。男孩的爸爸知道後，什麼話也沒有說，拿出錢來賠給雜貨店老闆。然後，他對兒子說：「玻璃是你打碎的，應當由你來賠。這筆錢是我借給你的。」結果那個孩子在一年內透過打工、賣報紙等賺足了一百二十五美元，償還了父親。這個男孩就是後來的美國總統雷根。雷根後來談及此事很感激他的父親，因為父親從小教會了他承擔責任。

責任感的培養是健全少年兒童人格不可缺少的部分。責任感有助於孩子擺脫以自我為中心，養成自治、自理的能力。教給孩子責任感，能使他明白：自己的言行會對別人產生什麼樣的影響，進而明白責任完成與否對

自己的將來有什麼作用。

在我們當前的家庭教育中，隨著獨生子女的日益增多，很多父母忽視了子女責任感的教育。一味的寵愛、嬌慣孩子，會使孩子驕傲、任性、自私，甚至粗暴、叛逆、沒有同情心。過分呵護孩子還會使他們事事依賴父母，缺乏主見。如果讓這樣的孩子投入到未來競爭與合作並存、機遇與挫折交錯的社會中，恐怕沒有不被淘汰的。

一位媽媽從幼稚園接孩子回家，孩子撿起石塊亂扔，不小心打碎了別人的窗戶玻璃，媽媽趕忙說：「快走，別讓人看見了。」另一位孩子做錯了事，爸爸說：「爸爸代你去道歉了，下次可要注意一點！」可能有許多父母認為，孩子還沒有替自己行為負責的能力，因此沒必要讓他們親自去道歉，但這對於孩子責任心的培養一點益處也沒有。

看看另一些家長不同的教育方式。一位母親帶四歲的女兒去伯母家做客，女兒不小心摔破了杯子，母親立即對女兒說：「你去向伯母借一個托盤來，把杯子碎片撿乾淨，再去向伯母道歉。」孩子自己去道歉，母親一句話也沒有代替她說。

要是這種情況發生在我們身邊會怎麼樣呢？很可能是讓孩子站在一旁，父母代為清理乾淨，再替孩子去向主人道歉。就連孩子走路不小心摔倒了，也不是自己爬起來，而是父母去拉他起來，再幫助他拍掉衣服上的泥灰。這樣做不但會泯滅孩子心中正在滋長的責任感，而且會使孩子養成嚴重的依賴性。應該記住，除非是毫不懂事的嬰兒，只要孩子開始明白事理了，就應該開始培養他們替自己行為負責的習慣。

意志力

雨果說過：「對那些有信心而不介意於暫時失敗的人，沒有所謂的失

敗！對懷著百折不撓的堅定的意志的人，沒有所謂的失敗！對別人放手，而他仍然堅持；別人後退，而他仍然前衝的人，沒有所謂失敗！對每次跌倒，就立刻站起來；每次伏低，反而會像皮球跳得更高的人，沒有所謂失敗！」—— 這就是意志的力量。

　　意志是自發的確定行動目的，並根據目的有意識的支配、調節行動，在行動中克服種種困難來實現預定目的的心理過程。意志具有自覺性、自制性、獨立性和堅持性等特徵。現代心理學理論研究表明，良好的意志品格能有效的促進人的各種認知因素的發展，使其認知活動具有明確的目的性、方向性。良好的意志品格還可以強化人的認知活動的進行，提高認知主體對客體的資訊分析與加工的水準。相反的，不良的意志品格則干擾人的認知活動的方向性、主動性和堅持性，阻礙人的認知活動的發展。積極的意志常常表現為一種內驅力作用於學生的智力活動，促進學生學習活動的發展，提高學習品質和學習成績。而消極的意志則會阻礙學生智力活動的發展，降低學習品質和學習成績。一個人能夠有所成就，得益於堅強的意志、信心、決心和恆心。意志堅強的人可以控制消極情緒，在艱難困苦的逆境中奮發圖強，做出一番事業來。歷史上周文王被拘禁仍自強不息，推演八卦而成《周易》；孔子周遊列國，雖遭冷遇而作《春秋》；屈原蒙冤而寫《離騷》；左丘明雙目失明而著《左傳》；司馬遷忍辱負重，寫出了千古名著《史記》等。這些人都是遇挫折而奮發的典範。

　　良好的意志主要有以下三個特徵：

一、有明確的目的

　　意志與目的分不開，當一個人對目的有越明確的認識，他的意志就會更堅定，他的行動就是意志的行動。比如一個孩子定了要當模範生的目

標。他就會不斷克服學習中的各種干擾以實現這一既定目標，這種行動就稱為意志行動。

二、隨意運動是意志行動的基礎

隨意運動（自主運動）是受意志調節、具有一定目的指向性的運動，也就是學會了的較熟練的動作。只有掌握了高程度的隨意運動才更容易實現意志行動。像我們平日的騎車、跳舞等都是隨意運動。

三、意志行動往往與克服困難相關聯

在我們的日常生活、學習、工作中常常會遇到諸如體力不支、情緒不佳等一系列的來自內部及外部的困難，因此我們只有不斷克服困難，磨練意志，才能起到制約外因的作用。

一個人的意志力不是天生而來的，它是教育和培養的結果。但是，現在隨著人們的生活水準的日益提高，家庭為孩子成長提供了各種優越的條件。在家庭中，孩子是掌上明珠，只要是孩子需要的，做父母的就會盡力去滿足。過於優越的條件，造成了孩子的怕苦、怕累、遇困難便退縮的薄弱的意志力。其次，由於小學生的年齡特徵反映出他們易受外界和自身內部的干擾、誘惑，如身體稍稍不適就請假休息等，使得他們意志力軟弱，缺乏自制力。此外，「望子成龍」的父母心理已經社會化，並且還在日趨強化。在這種心理的支配下，許多家長希望自己的孩子成才，但不願讓孩子去受苦。然而，成才與吃苦是難解難分的，要想成才，孩子必須吃得起苦，也就是需要有堅強的意志力。俗話說得好：「自古雄才多磨難，從來紈絝少偉男。」

英國作家狄更斯說：「頑強的毅力，可以征服世界上的任何一座高

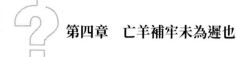

峰。」為了適應時代發展的需要，廣大家長應注重培養孩子的意志力。一旦孩子具有堅強的意志力，便會積極的去迎接學習、生活中的各種挑戰，從而在活動中獲得成功，並實現最終目標。

日本一位學者調查了一百六十八位科學家、發明家，發現他們都具有堅強的意志力，這正是他們事業成功的重要條件。像大家所熟悉的居禮夫人，由於她的父親後來沒錢供其上大學，她就利用當家庭教師來教書、自學、賺錢，花了六年的時間存夠了去巴黎學習的錢。在巴黎大學工學院攻讀期間，居禮夫人克服數理基礎知識沒有系統、法語不熟練、學習吃力等困難，廢寢忘食、艱苦努力，很快的成為班裡最優秀的學生。這些正是她知難而進，意志力堅強的表現。也正如居禮夫人所說：「人要有毅力，否則將一事無成。」

培養孩子的意志力，應從以下方面著手

第一，要讓學生樹立明確的奮鬥目標，這是培養學生意志力的首要條件。

達文西說過：「人一旦確立了自己的目標，就不應再動搖為之奮鬥的決心。」所以，只有目標遠大，才會使人再接再厲、百折不撓的努力奮鬥，以求達到最終的目的。也就是說，目的性決定了人的意志力。可見，家長應指導孩子確認自己的奮鬥目標，從而培養孩子的意志力。

第二，家長要透過培養學生的自覺性與堅持性來培養學生的意志力。

在家庭教育中，家長應與孩子共同制定一定的制度，並調動孩子自身的積極主動性來執行制度，漸漸養成孩子的自覺性。

俗話說：「善始容易，善終難。」家長只有培養了孩子的堅持性，才能使孩子在學習、生活中克服困難，堅持到底。學生會在各種情況下遇到來

自內部及外部的各種干擾，作為家長，應鼓勵孩子獨立面對各種干擾，控制自己的感情，不為所動。

第三，要透過實踐活動來培養孩子的意志

在家庭中，常見的是透過勞動來培養孩子的意志力。

勞動，是孩子的一門必修課，一個孩子若缺乏了勞動的鍛鍊是成不了才的。在家庭日常生活中，掃地、倒垃圾、洗小件物品等都是孩子力所能及的，廣大家長們都應把這些簡單的勞動作為培養孩子意志力的好教材。一個孩子要如果天天堅持做這些事，需要一定的毅力，做家長的要鼓勵孩子堅持做到底，常常表揚一下。而且，家長要掌握勞動難度及強度，使學生做起來有積極性。當然，在勞動中難免會出現問題，做家長的不要過分指責或懲罰，而應助孩子一臂之力，這並不是要求父母去把事做完，而是要給孩子彌補過失的信心，這種關懷體現了對孩子的尊重，著名的兒童教育家曾說過：「小孩子是極喜歡成功的。」這樣一來，孩子充分體會到克服困難的喜悅，也就增強了意志力。

第四，家長要以身作則，樹立榜樣，培養孩子的意志力。「榜樣的力量是無窮的」，只有家長以身作則，樹立榜樣，才能培養好孩子的堅強的意志力。因為孩子還小，他們的行為總受大人的影響。

第五，要針對孩子的不同意志類型，採取不同的教育措施。

在我們生活中，有的孩子遇事膽小、猶豫不決，家長應有意讓他獨立做一些事，多接觸事物，養成勇敢、果斷的品格；有的孩子做事冒失、輕率，家長應有意識交給他一些較為細緻的工作，幫助他養成沉著、耐心的品格；有的孩子好動、缺乏自制力，家長應多交給他一些小任務，並時常督促一下孩子，使他有意識的去克服弱點，提高自控能力；還有的孩子，

第四章　亡羊補牢未為遲也

做事缺乏毅力，家長應常督促、常鼓勵，鍛鍊其堅韌的品格。

【相關案例】

如何培養學習毅力

學習毅力是學生在成長過程中，長期不懈的保持充沛精力、堅韌頑強、不屈不撓的去克服困難、排除干擾、堅決完成學習任務的優良品格。學習毅力不是與生俱來的，是在學習過程中經過磨練逐步形成的。

如何判斷您的孩子是否有學習毅力呢？下面的幾個標準可以供您參考。

一、是否具有明確的學習目的

學習毅力較強的學生往往對學習目的認識得比較深刻，比如有的同學認識到只有學好知識、懂得道理才能掌握本領，才能有生存的能力和競爭的能力，才能適應不斷發展變化的社會生活。還有些同學認識到學習是學齡兒童青少年對社會應盡的義務，現在學習等同遵守法律，將來長大了才能為社會發展做貢獻。

當學生做到把自己的遠大理想與近期目標結合起來，在學習中積極努力的不斷探索事物奧秘時，學習毅力也就逐步的發展起來，並能自發的去控制和支配自己的思想和行動。

二、是否具有合理的學習計畫

制定計畫是為了提高效率，讓做事更有條理。制定學習計畫是落實學習目標並獲得成功的重要措施之一。學習計畫可以起督促、指導和鞭策作用，並在執行過程中鍛鍊自己的學習毅力。

學習毅力是在堅持不懈、堅韌頑強的執行學習計畫的過程中形成和發展的。執行計畫的初期，常會被不良的學習習慣和生活習慣所干擾，動機

衝突所造成的情緒起伏也會影響學習計畫的順利執行。因此，學習計畫制定之後重要的是執行，並在此過程中培養和發展自己的學習毅力。

三、是否能堅持獨立的完成作業

學習毅力強的學生，做作業時能堅持獨立完成，常常先複習後做作業，先審題再動筆；做作業過程中不會被一時困難所嚇倒，一種思路解不開，從另一個角度再分析，不做簡單的模仿，不輕率的問別人。

四、是否具有較強的自學能力

自學是一種非常重要的能力。學習毅力強的學生往往在自學能力上也表現得非常突出。比如，他們在課前預習，記下不明白的問題，帶著這些問題去聽課，學習就主動多了。這種持之以恆的預習習慣的養成過程，也是學習毅力得以培養的過程。

有些同學常常毫無準備的聽課，教師講什麼聽什麼，遇到困難就拒絕接受知識。上課聽不懂，下課無動力，放棄了努力，學習毅力便無從談起了。

學習中只有找出問題才有思考，思考了才能設問，敢質疑才是高品質的學習，學習毅力也就從中得到了培養。家長們應要求孩子做到「三先三後」（即先預習後聽課、先複習後寫作業、先思考後提問），這是培養學習毅力的一個重要環節。

五、是否能排除各種干擾

課堂上能否充分利用有限的時間掌握更多知識，叫做「吸收率」。吸收率的高低與排除干擾的能力成正比。干擾主要來自外界（環境的）和個體內部（生理的和心理的）。

外界干擾主要是指學生生活、學習環境中不利於學習的因素，比如客

觀的環境的變化、不良的人際關係、家庭經濟條件及突發事件等。對這類干擾不能怨天尤人，只能主動去戰勝它們，透過意志力去排除它們。能否排除這些干擾去專心學習是一個人學習毅力強弱的表現。

內部干擾來自學習者自身，比如身體有病、心情煩躁、學習方法不當等。外界干擾也會導致內部干擾，對干擾的排除過程就是學習毅力的培養過程。

學習毅力的培養，應該是全方位的，包括學校、家庭、社會諸多方面。作為家長，主要應注意以下兩點：

一、發揮家長對孩子學習毅力的培養作用。

家長應以「正向教育」的思想指導孩子的學習，這是培養孩子學習毅力的必要條件。當看到孩子學習成績下降或不理想時，切不可一味斥責，更不能打罵，這種簡單的方法只能使孩子喪失信心和學習興趣。而應關懷他們，幫助他們分析原因，找出差距，鼓勵繼續前進。

二、家長利用一些實例和智力趣味題對學生進行訓練。

對學生提出問題應予以表揚，肯定其積極思考問題的學習態度。鼓勵學生去找出自己不懂的問題並敢於質疑。讓他們在與困難作鬥爭過程中理解學習毅力的含義。

家長可結合學科特點和孩子的興趣，向他們提出較難的問題，激發其學習熱情，為他們討論和發表自己的意見創造學習氛圍，使其在團體活動中找到自己的位置，同時也找出自己的差距及奮鬥目標。比如，外語上進行角色的對話練習；數學課的每日四小題；語文賞析一首唐詩宋詞以及日常生活中的難題解答等等。孩子在準備資料和講解時都要克服一系列困難。孩子戰勝了困難，取得了成績，同時也培養了學習毅力。

人格教育

人格，即個人的心理面貌或心理格局，即個人的一些意識傾向與各種穩定而獨特的心理特徵的總和。人格，亦即心理物質總和，其特徵主要表現為個人愛好、自我接納程度、學習需要三個方面。豐子愷先生曾經將人格形象的比喻為一隻鼎，支撐此鼎的三足是：思想 —— 真（知識價值）、情感 —— 善（道德價值）、品德 —— 美（審美價值）。真善美的和諧統一即是完美健全的人格。人格的品質指標是自尊性、責任性、正義感和審美感。其外在表現為適應力、耐挫度、控制力和進取心。

人格具有以下一些特徵：

(一) 社會性。人，作為社會中的一員，其人格的形成和發展離不開一定的社會關係。社會制度、社交活動、文化背景、家庭出身、經濟狀況、教育方式、學校風氣、集體規範等，都會對人格的形成產生影響。人格是一定的社會關係在個人身上內化的結果。

(二) 獨立性。它表現為兩個方面：一是對內的獨立自主性，有自制力，能做到自尊、自愛、自信、自立、自強、自律，能維護自我獨立人格尊嚴，把握自己的命運。二是對外的獨立自主性，即不盲從權威，不隨波逐流。

(三) 整體性。人格是後天逐漸形成的，是構成人格主體的生理的、心理的、道德的、智力的、審美的、社會的等因素特質的綜合體，是透過其全部行為而確立起來的完整存在。

(四) 穩定性和可塑性。由於人格具有整體性特徵，不可以被隨意改變。每個人的氣質受先天的影響較大，因此人格具有穩定性特

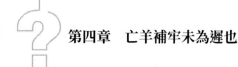

徵；同時，人格又具有可塑性特徵。隨著年齡的增長、生活閱歷的豐富、環境的影響以及教育的滲透，人格會發生相應的變化。

人格教育是一種著眼於心靈改造和品格塑造的教育，它是針對學生現狀有目的、有計畫的運用心理教育、心理訓練、心理建構的方式和方法對學生施加影響，促使其人格系統健康發展的教育活動。透過有針對性的教育和訓練，使學生心理結構中知、情、意、行諸要素協調和諧發展，使他們不僅能靈活運用資訊，發揮他們的思維能力，而且還具有高尚的情操，強烈的求知慾和規範的社會行為和價值標準。

對家庭教育而言，培養孩子具有健康的人格和良好的品格，比學習知識考高分更加重要。一個人所需要掌握的知識，可以在學校裡學，也可以在走上社會後、在工作過程中不斷學習。而一個人的品格一旦形成了，就很難改變，並且年齡越大越難改變。一個人具備什麼樣的品格，對他的一生都有很大影響。如果一個孩子從小就具有健全的人格和良好的品格，那麼不管將來長大做什麼，都會終身受益。著名教育家陶行知認為：「凡人生所需要的重要習慣、傾向、態度，多半可以在六歲以前培養成功。換句話說，六歲以前是人格陶冶最重要的時期，這個時期培養得好，以後只需順勢培養下去。倘若培養不好，那麼習慣成了不易改，傾向定了不易移，態度定了不易變。」俄國教育家烏申斯基也指出：「人的性格大都是在人一生的最初幾年形成的，而且這幾年中在人的性格中所形成的東西是很牢固的，它將成為人的第二天性。」可以說，少年兒童時期，是人格形成的重要奠基時期，尤其是孩子出生後的最初三年，是進行人格啟蒙的關鍵時期，是人生最重要的一課。在這個階段如果做人的基礎沒有打好，出現自

私、任性、說謊、孤僻、脆弱、冷漠、懶散等問題，沒有能夠得到父母的教育並及時矯正，長大以後很難改變，甚至會給孩子帶來終生的不幸。有的父母認為三歲以前的孩子還小，啥也不懂，從而忽視了對孩子的人格啟蒙。如果孩子小時候的基礎沒有打好，期望他長大以後自然變好，或者再去教育他，是十分困難的。

面對「知識爆炸」和科學技術迅速發展的時代，任何人要適應這個新的社會環境，就必須具備現代人的人格，現代人的精神。也就是說，要跟著時代的步伐、隨著時代的變化而調整自己對現實的態度和策略。因此，要特別重視現代人格的培養，增強他們在時代浪潮衝擊下奮勇向前的本領。

那麼，什麼是現代人格呢？現代人格的特徵有哪些？主要有以下幾個方面：現代人樂於接受新的思想觀念，而不故步自封；樂於接受社會改革和變化，而不墨守成規；尊重知識，珍惜時間，而不敷衍了事；善於合作，而不離群索居；樂於助人，有責任感，而不自私自利。總之，現代人格的核心是不守舊，敢於創新，面對時代變革及環境變化，有心理上的承受能力。

根據專家的建議和優秀家庭的實踐經驗，對孩子進行人格培養的目標和方法主要是：

一、培養優良的道德人格

從素養教育的角度看，構成良好素養的核心是培養優良的道德人格。優良道德人格的形成，是透過品德教育和道德修養而實現的。同時，它對智育起了激發和保證的作用。一般來講，一個人思想認知程度高，學習目的明確，就會有強大的學習動力，並把自己的學習、個人的前途與國家的

前途命運、現代化建設緊密結合起來，並為此盡職盡責。

在對青少年進行品德教育時，要注重培養他們樹立正確的世界觀、人生觀，繼承和發揚熱愛國家、勤勞勇敢、堅忍不拔、謙恭好學、尊師敬賢等民族精神和優良傳統。要求他們在生活中注意自我陶冶、自我鍛鍊、自我改造、自發的遵紀守法、塑造成完美道德品格的新一代人。

二、培養生存能力和競爭意識

孩子是未來的建設者，必須有一定的生存能力和勞動本領。有些家長只讓孩子好好學習，別的什麼也不用做，是不對的。由於目前獨生子女的比例不斷增長，加上教育方法不當，使孩子容易形成嬌氣、任性、脆弱、懶惰等。做家長的千萬不能視而不見，甘心充當孩子的保姆。所以，在日常生活中，要讓孩子做一些力所能及的事，使他們在勞動中掌握生存本領，體會勞動的辛苦，磨練意志，增強克服困難的勇氣。透過教育與培養，要讓孩子逐步認識到未來的社會是個充滿競爭的社會，人人都不得不參與競爭。不僅要有敢於競爭取勝的膽識，還要有敢於承擔失敗後果的勇氣。有競爭就會有勝負，勝不驕當然精神可嘉，敗不餒則難能可貴。培養孩子敢於面對挫折，能及時調節自己的心理，增強對社會的承受力。有人指考落榜就去自殺，受到教師批評就上吊，可見心理承受能力之差。人生在世，哪有永遠的一帆風順呢？遇到一點兒挫折就萎靡不振，怎能建功立業呢？所以，要從小教育孩子正確看待挫折，戰勝困難，透過生活實踐，盡量從正面教育啟發孩子，樹立克服困難的信心，並從生活的一點一滴上培養孩子的堅強毅力，逐步養成良好的性格。

三、培養勇於探索、敢於創新精神

跨世紀的人才，肩負著建立和完善市場經濟的重任，這是一項前所未有的宏偉大業。僅有書面的知識是不夠的，只有開拓進取，不斷克服前進道路上的困難，才能創造出具有新的價值的成果。為此，要注意培養孩子的創造性思維和創造能力。無論學校、社會、家庭，都要為孩子創設鍛鍊創造能力的環境。在家庭裡，家長要鼓勵孩子多問為什麼，鼓勵孩子敢於質疑，讓孩子動手查閱、動腦思考，對孩子的每一點進步都要加以肯定鼓勵，從而培養孩子的創造意識和創造能力。

要具有創造能力，豐富的知識和見識是基礎。未來的商品經濟是國際性的，要創新還必須了解國際社會科學的動態。因此，要引導孩子多看一些有關科學技術發展的影片，多看一些有關介紹世界先進科技資訊的書籍，經常講一些國際方面的知識，為發展孩子的創造力打下基礎

四、培養誠實公正的品格

用典型事例進行對比分析，使孩子辨明是非，區分真和假、善和惡、美和醜；從行為上進行規範和約束，哪些可為，哪些可不為，哪些不可為。

五、培養寬容待人的態度

父母的以身作則和積極引導，可使孩子養成禮貌、寬容待人的習慣。

六、培養積極進取的精神

透過對孩子講述人生的價值、英雄的偉大事蹟、社會發展的美好前景，以及對孩子的期望，激勵孩子立志，使孩子始終保持積極向上的奮

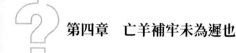

第四章 亡羊補牢未為遲也

鬥精神。

此外，家長還要特別注意要尊重孩子的人格。有尊重才有教育，尊重不僅對孩子現階段的成長很有幫助，而且對他們未來發展更具有重要作用。如果在孩子小的時候，父母就注意尊重孩子的人格，那麼透過言傳身教，孩子也會尊重父母、尊重老師、尊重小朋友，將來就會尊重身邊的朋友，與周圍的人和睦共處。父母與孩子之間，既是長幼關係，也是平等關係。因此，對孩子的合理要求，父母應當盡量滿足，不能滿足的，要實事求是的向孩子說清楚。千萬不能以大欺小，以長壓幼。對孩子的同學也要熱情，不能冷淡。如果父母對孩子說錯了話、做錯了事或者錯怪了孩子，要主動承認錯誤，當場發現，要當場承認；若當場未能發現，過後明白了，也要承認。不要以為事情已經過去了，孩子已經忘了，明知道錯了也不承認，這樣會對孩子造成傷害。只有尊重自己的孩子，孩子將來才能尊重父母。家長千萬不要以為孩子年齡小，還不懂得什麼是尊重，就掉以輕心。

有一位家長說過這樣一個故事，很發人深思。她說：「我兒子快三十歲了，可還忘不了二十多年前我『當眾侮辱』他的事，每逢提起，他還是憤憤不平。其實，當時我只是順口說了幾句而已，沒想到卻深深刺傷了兒子的自尊心。大約在他七歲放暑假的時候，他主動提出要幫我做一些家務事，我說那就幫我去換麵條吧。當時麵條要拿麵粉去換，只需要繳個加工費就行了。兒子從沒有做過這事，我就陪他去了。到了換麵條的地方，前面已經排了十幾個人，其中還有一個兒子的同學，這時又來了一個小女孩，我看她一副老練的樣子，就對她說：『我兒子挺笨的，這麼大了還不會換麵條，等排到他時，麻煩妳幫他一下。』小姑娘看了兒子一眼，笑著

答應了。我因為忙著上班，沒來得及看兒子一眼就匆匆走了。中午一進家門，兒子看見我進來就漲紅了臉的大聲的質問我：『您為什麼當著我同學和女生的面前侮辱我？』我一頭霧水的說：『沒有的事啊。』他含著眼淚把事情說了一遍，還說我走後，大家都用異樣的眼光看著他，好像他是個弱智似的。我沒想到事態這麼嚴重，就一再檢討說：『是媽媽不好，媽媽不該那樣說你。其實你主動做家務，就證明你是個好孩子，媽媽應該表揚你才是。』兒子忍了半天的眼淚這才一下子流了下來，委屈得不得了。事後，我想事情已經過去了，可是兒子還不時提起，看來我對兒子的傷害還真不淺。」這位家長最後總結說：「細想起來，儘管當時兒子還小，但已有了強烈的自尊心，他希望別人尊重他，也希望透過他的表現，得到人們的認可。可是他做對了，沒人喝彩，而對一些他從未涉足的領域，我不但沒給他實實在在的幫助，還當著同學，尤其是女孩子的面，傷了他的自尊心，我真是犯了一個無法彌補的錯誤。」她呼籲所有的家長：「要像保護一件玉器珍品一樣，小心維護孩子的自尊心。」

二、智育

新知識概念

　　一般來說，知識主要有以下四種：第一，「知道是什麼」的知識，指關於事物實際狀況的知識。比如某地人文環境、經濟狀況、資源狀況等。第二，「知道為什麼」的知識，指一定的自然原理和規律方面的科學理論，比如自然科學、社會科學理論等。第三，「知道怎麼做」的知識，指做某些事的技術和能力，比如各種職業能力、閱讀和表達能力、資訊收集和運用

第四章　亡羊補牢未為遲也

能力、交際與公關能力、對事物的觀察與分析能力、解決和處理實際問題的能力等。第四，「知道是誰」的知識，涉及誰知道和知道如何做某事的資訊，泛指深埋於社會和人頭腦中的知識，也包括人的心智、智力創造和智慧財產權等。

前兩種知識存在於各種媒體的記載中，因此，容易數位化以後存入電腦，故也稱顯性知識。後兩種知識，特別是「知道是誰」的知識，則存在於知識擁有者的頭腦中，它是知識擁有者經驗的體現，有個人的人格特徵，難以數位化後儲存於電腦，甚至於寫到書本上都不能保證是思想真實的反映，必須要在特定的情境中才能捕捉，故屬於隱性知識的範疇。

按照上面對知識的歸類，前兩部分的知識覆蓋了傳統的知識觀。傳統知識觀是這樣表述的：從教育的觀點來說，知識是人們後天獲得的對客觀事物的認識，它反映了事物的現象、屬性和關聯性；從知識結構的觀點來說，知識包括自然科學和社會科學兩大門類，哲學是兩者的概括。後兩部分的知識則覆蓋了能力和素養兩個概念，顯然，這裡知識的內涵大大的擴展了。由此我們可以發現，新知識的內涵是一個包含了知識、能力和素養相調和的知識觀，能力、素養與知識僅僅是表現形態上的區別而已。

創新

創造力涉及到人的思想（新思想、新觀念）、智力（知識的累積、新知識的學習）、能力（學習能力、記憶能力、理解能力、想像力、創造性思考能力）、心理（靈感、意志）等，是一個人思想心智慧力素養的總和。一個創新人才，他的素養大致上應包含以下創新因素：

創新精神

奈思比曾在《大趨勢》一書中說過：「處於偉大的知識經濟時代，我們最需要的是創造力和創新精神。」創新精神是首要的創新因素，也是創新的最重要的非智力因素。沒有創新精神的人，要取得創新成果是不可思議的。創新精神包括創新意識、創新膽識和創新心理。

創新意識，是深藏在心底裡的潛在意識，是遇事產生第一反應的觀念意識，是一種精神。例如經常所說一個人「不保守」、「開拓創新，不因循守舊」等的意識傾向。

創新膽識，是創新的必備條件。世界上，常常有這種事，不是不能為而是不為，不是其知識、能力不能為，而是其沒有膽識所以不為。不論是發現新規律，創造新器物，提出新結論，都需要有創新膽識。就算是發現新事實，也要有膽識，才能敢於承認自己所發現的事實，敢於公布新事實。海王星的發現就說明沒有膽識就不會有新發現。海王星是距離太陽遠近順序排第八位的行星，是透過它對天王星軌道的攝動作用而於一八四六年九月二十三日被發現的。軌道計算者為法國天文學家勒維耶，而發現者是德國天文學家約翰‧格弗里恩‧伽勒。他是按計算位置觀測到該行星，並予以宣布的第一個人。其實，早在伽勒發現的二十年前，就有人觀測到了這顆星，但是沒有把它認為是太陽行星。存在對天王星的三體攝動，也早就計算出來，但是只有伽勒才有膽識敢於承認一顆新星的存在，並以觀測證實了它。

創新心理，在創新意識、創新膽識的基礎上，形成一種創新心理。這是一種心理傾向，是重探索求新而不安於俗套，重觀察求實而不安於人云亦云，重思考求異而不安於定論的一種強烈的心理傾向。

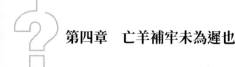

第四章　亡羊補牢未為遲也

古人曾說，成就偉業者，必有「德、學、才、識」。德是世界觀、品德與精神，學是學問與知識積累，才是才氣與能力，識是膽識。德與識都是精神，都是非智力因素。顯然的，創新精神，也是創新首要的非智力因素。

創新能力

創新能力包括求知能力、創新思考能力、創新實踐能力等要素。學生的創新精神應當被發掘與培養，學生的創新能力要靠有意識的教育與鍛鍊。

在培養孩子的創新能力時應注意哪些原則和方法呢？

一、創新要勇於突破。

創新要突破舊思想，賦予事物新的意義、功能和價值，尋找新的突破口。不要讓舊事物的形象如鎖鏈一樣束縛孩子的創造力，應該鼓勵他大膽想像，主動改變舊事物的形象，思考這種改變了的形象有什麼新的作用。經過訓練，說不定在什麼時候，一個個有用的創造性將油然而生。新形象是構成美好未來的藍圖，創新便是在創造事物的新形象！此外，還需要聯想。我們生活的世界是由形形色色的事物所組成。事物之間存在著各種各樣的差異，正是因為這些差異便難以把它們聯想到一起，比如牛奶和汽水本沒有關係，但牛奶汽水既可口又富有營養……在原來沒有關聯的東西之間建立起聯繫，並使之演變成新事物的過程便是創新的過程。恰當利用創新思維，可以打破常規、獨闢蹊徑、從而達到出奇制勝的效果。但同時也要注意合乎現實，合乎常理，要有遠見卓識，善於發現和捕捉機會，並準確分析、把握和判斷各種機會的價值；同時精心運作，認真實施，做好系

統的策劃，把握好分寸與尺度。人們大多都有一種求新的慾望，如果你把握了這一點並盡力的為此做點什麼，那麼創新便會伴隨你終身。

二、創新要善於發現。

　　許多的發現不僅僅是提出問題，更重要的是提供了解決問題的途徑。羅傑‧馮‧歐克總裁在其《通往創造的道路》一書中總結「發現」有以下五個特點：「發現是多樣化的；發現是無窮盡的：發現的起點很平凡；發現的時機不確定；許多的發現稍縱即逝。」他還指出，「發現的過程並不神秘，只需時刻準備迎接發現，以發現的心態對待一切事物，以創造的心理對待一切的發現，主動的尋覓、捕捉發現，分析發現，理解發現，利用發現。」生活中，有利於發明創造的現象是常有的，發現或知道這些現象的人也是很多的，但能從發現中領悟到再發明創造新事物的人卻很少。差別就在於發明創造者是生活中的有心人，他們不輕易放過在別人看來是微不足道的現象，並及時敏銳的把它與發明聯繫起來，進行創造性的思考。結果，在人們司空見慣的事物上，他們想到了別人沒有想到的東西。他們發現的是很普通的現象，但從中創造出來的卻是史無前例的新事物。其次，要善於發現事物的不足或缺陷，由於任何事物都不可能完美無缺，再加上人們對同一事物又常不斷提出新的要求和希望，所以在經過一番又一番的思索後，可以在該事物的原有基礎上加以改變和創新。比如在鉛筆上加上橡皮擦，腳踏車上附加置物籃，步槍上附加瞄準儀等。這些發明創造雖小，卻能因此而增加效益。所以，當思考問題時，可以把面臨的問題加重一倍、減輕一半，使它靜止、重組、合併、翻過來、倒過去等等。總之，創新的秘密在於專心於新的組合，也可用逆向思考的方法去做反面突破。開拓自己的思維，創造就會一點而通。

三、創新要不怕失敗。

創造的過程充滿艱辛，失敗是不可避免的。愛迪生經過上千次的失敗才發明了電燈。就連太空梭、核能發電這樣投入鉅資、舉世關注、慎之又慎的重大科學專案也難免有過失誤。車諾比核事故的陰影至今令人揮之不去。可以說，創造隨時都會面臨失敗，失敗在創造的任何階段都可能出現，而如何對待失敗，如何認識失敗，如何減少失敗，如何轉敗為勝很關鍵，要剖析失敗的原因，力求糾正錯誤，重整旗鼓，繼續闖關；或是將錯就錯，轉變思路，轉移創造目標，為失敗得出的產物尋找市場，使其直接成為有用的創造。這樣一來，失敗就不再是創造的休止符，而成為繼續創造的轉振點。羅傑‧馮‧歐克總裁在其《通往創造的道路》一書中指出：「失敗和成功是同時開始的，人們不能只關心成功、讚美成功，應該更多的關注失敗、研究失敗。」大多數人對失敗持冷漠與迴避的態度，尤其對前人的失敗或他人的失敗更覺得與己無關。但是如果把前人的、他人的每一個失敗彙集起來，作為後人進行創造的路標，那就會看到更多創造的希望，能得到更多成功的機會。失敗所能給予人們的啟迪也許比成功還要更多呢！

【相關案例】

如何培養兒童的創造能力？

沒有任何東西比人類的發明創造更具有挑戰性和思想性。從人們的衣、食、住、行，到工作、學習、娛樂等一切方面和領域，無不充斥著各種各樣、五彩紛呈的創造。其實，人類的偉大成就就是建立在迎接各種挑戰的思想基礎之上的。發明創造之所以引人入勝，是它常常使我們看到，歷史上某個時候的某人頭腦中的思想，是怎樣改變了人類文明的進程。

創造發明的影響力是極其巨大的，即使是一項簡單的創造發明也是如此。簡單的軋棉機的發明，改變了美國南方各州的經濟；伽利略對擺錘的觀察，使他很快就試製出了準確的鐘……

我們正處於以知識為基礎的經濟時代，知識經濟最顯著的特點就是，知識不斷創新，先進技術產業化。要使知識能夠不斷創新，先進技術能夠迅速產業化，關鍵在於擁有一批富有創新思維、有強大的發明創造力的優秀人才。為此，必須從小就培養孩子的創新意識，培養具有創造欲和創造能力的人員，激發他們的創造力，從而使創造力成為推動國家知識經濟的引擎。

有些兒童創造能力顯露很早。例如數學家高斯三歲就會做算術題；莫札特五歲開始作曲；曹植七歲能做詩；美國控制論創始人維納十四歲進入哈佛大學，十八歲取得博士學位；司馬光從小聰明過人，他砸水缸救人的故事廣為流傳。美國心理學家總結出衡量早期創造能力的準則有以下六點：（一）用不同方法和不同觀點解決所探求問題的能力。（二）把常規方法轉用在新情況的能力。（三）確定完成任務順序和循序完成它們的能力。（四）想像力、思路的新穎性和發明才能。（五）善於發現新的用途和新的課題。（六）善於應用已有的知識和以往的經驗。

每個人的創造力都具有個人的特點，它不但表現為個人所具有的不同的創造力，也表現為同一種創造能力的發展水準有高低，以及創造能力表現早晚的差異。為了激發兒童的求知慾，以及形成創新者所具備的個性比如自信、獨立性、目標的始終如一以及好奇心、好學好問等等，家長可有意識的為兒童創造教育環境，使兒童的創造想像有所發展，注重對他們創造性思考的訓練。比如：讓兒童生活在心理上放鬆的環境中，為他們獲得

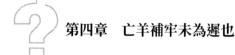

第四章　亡羊補牢未為遲也

發揮創造力提供理想的先決條件；讓兒童少受慣性思考和下意識動作的影響，讓他們把周圍環境當做新的東西來體驗和發現；培養他們的團結合作精神，專心吸收他人的長處以及汲取集體的智慧；培養兒童身心專注的做事，在他們忙忙碌碌的擺弄自己心愛的玩具時，不要去打擾和分散他們的注意力；培養他們發散性思考的能力，讓他們自編故事、圖畫、作文等等；小學生在解複雜的應用題時，一種演算法解不開，就需要立即轉換思路，另找其他關係，考慮新的演算法等等；幫助兒童認識自己、找出自己的優勢，並因勢利導，對其特殊興趣加以薰陶，不要壓抑幻想，或對之嘲笑諷刺和挖苦；也不要擺出專制的家長作風，使兒童不敢發表自己的看法和異議。要鼓勵兒童大膽嘗試，不要怕失敗。

非智力因素教育

一般認為，非智力因素教育是指除了智力與能力之外的因素之教育。其內容包括：動機、興趣、情感、意志、氣質、性格等基本因素。一個人智商高，智力超群，並不一定成才；智力一般的人，也不一定不能成才。因為從心理角度看，在人的成才過程中，既需要智力因素，也需要非智力因素。但非智力因素在智力活動中卻起著決定性作用。

有一位花了十年時間專門研究成才因素的學者對三千名大學生作了一項問卷調查：「成才的決定因素是什麼？」回答是「智力和能力」。愛因斯坦有句名言：「成功來自於百分之九十九的勤奮和百分之一的天賦。」、「智力上的成就，在很大程度上仰賴於性格的偉大。」另外，美國心理學家托爾曼對人才研究後得出著名的論斷：「智力與成才具有重要相關性，但不具有完全相關性」、「性格品質與成才具有密切相關性」、「沒有人的情感，就從來沒有，也不可能有對真理的追求。」

　　如今的少年與兒童，多數都具有優良的先天素養、聰明的頭腦，這為將來成才奠定了良好的基礎。那麼，是不是有了聰明的頭腦就能成才呢？不一定。心理學家的研究證實，人類的任何智慧行為，歸納起來都有兩種心理因素參與：一種是包括感知、記憶、思維、想像等的智力因素；一種是包括動機、興趣、意志、性格等的非智力因素。成才的過程正是智力因素與非智力因素相互影響，又以非智力因素起決定性作用的過程。

　　古人說：「非不能也，是不為也。」意思是：不是不會做，是不肯去做。「能」即智力因素，而「為」就是非智力因素了。「不為」則無以成才。其實，在智慧活動中，人的智力因素如果要發揮到最大效能，必須有優良的非智力因素積極參與。事實上，對於一個人來說，有幾分的勤奮，他的天資就發揮幾分。即使是有十分天份的人，也必須加以十分的努力，才能使其天份充分得到發展。一個人，如果連一分勤奮也沒有，他的天資再高也等於零，他注定不能成才。

　　一九二十年起，美國心理學家曾對一千五百二十八名智力超常兒童進行了長達幾十年的追蹤研究。研究表明，這些「神童」長大後，其中一部分的人成就很大，另一部分的人則成績平平。分析這兩部分的人各自的心理特徵，結果發現：他們在智力因素方面無多大差別，但在完成任務的堅毅精神，自信而有進取心，謹慎、一絲不苟，好勝心等方面，成就很大的那部分人就遠超過成績平平者。顯然，是非智力因素造成了人與人之間的差異，優良的非智力因素對前者的成才起了決定性的作用。

　　有人曾對日本一百六十名有突出成就的科學家、發明家進行調查、研究。結果發現，這些人都具有與一般人不同的心理特徵：他們具有恆心、韌性，甚至在希望渺茫的情況下，仍不放棄目標而堅持到底；他們從童年

第四章　亡羊補牢未為遲也

時代起就具有強烈的求知慾望；他們具有鮮明的獨立性格和獨創精神，凡事有主見、雄心勃勃、肯努力；他們精力充沛、幹勁十足。顯然，這些優良的非智力因素在他們的創造、發明過程中起了特別重要的作用。

其實，優良的非智力因素對於人在智力因素方面的某些缺憾還具有補償的作用，「勤能補拙是良訓，九分學力一分才。」說的是，假如你有一分聰明，只要加上九分的努力，你也能取得十分的成功。發明家愛迪生說：「天才是百分之一的靈感加上百分之九十九的汗水。」達爾文在日記中曾寫道：「……不僅教師，連家長也認為我是平庸無奇的兒童，在智力方面也不比其他孩子高……」而愛迪生、牛頓等大師，在幼時直接就被視作「笨蛋」，然而，他們矢志不渝、笨鳥先飛、勤奮不已，終成大器。

積極心態是成功學的第一原則，是成功的起點。積極的心態是正確的心態，具有「正向」心理特徵，例如：樂觀、正直、勇敢、創造、慷慨、容忍、機智、通情達理等。《成功學》作者研究了美國包括總統、石油大王等在內的五百零四位成功者，發現他們成功的共同秘密就是：有積極的心態。他說「如果一個人（心理）是正確的，他（感受到）的世界也就會是正確的」。因此沒有積極心態，就沒有熱情，就沒有膽量，就會壓抑進取精神，就不會去參與競爭，因而就不會有成功。

求知的動力、思維的積極性，實踐的毅力都源自於良好的非智力因素。一個人能力的形成與運用也離不開非智力因素。特別是非智力的情感因素。困擾一個人能力發揮的消極情感常有：

（一）懼怕創新，雖有一些個別能力，但無創新精神，遇到新事物首先顧慮重重，遇事的第一反應是害怕而不是創新意識。對此，一要樹立青少年的勇敢精神，二要使青少年有創新的使命感。

（二）失去信心，遇到一點挫折就失去信心。要樹立青少年的強烈的信念，同時要使青少年學會檢查自己原定目標是否過多、過難及如何調整的方法。

（三）失敗挫折感。創新是走前人沒有走過的路，挫折迂迴本來就是正常的。教育青少年真正認識「失敗為成功之母」的深刻道理，培養百折不撓的品格。

（四）失望不振，遇到失敗之後，創新之火全部熄滅。要教育青少年不斷點燃奮發之火，從失敗中吸取教訓，找出問題，啟動新的希望曙光。

（五）心情鬱悶，在持續創新尚未看到勝利曙光的枯燥過程中，容易產生鬱悶心理。這需要青少年平時受到崇高境界的激勵，得到千錘百鍊的鍛鍊，才能增強抑制這種枯燥過程中的鬱悶情緒的能力。

（六）怨天尤人，挫折之後，只去埋怨客觀方面，得出消極結論。這需要平時注重提高青少年自身素養，養成大度的風範。學會換位思考，要懂得這樣一個道理：在個人力量不可及的條件下，客觀無好壞，只有主觀對客觀適應得好壞。

（七）難耐孤獨。創新往往是自闢蹊徑，高處不勝寒。有時，越達到深層次的創新，離開常人生活越遠。這時，你的研究對象就是你的知音，它會跟你「說話」，對你做出應答，使你從中得到常人得不到的心理滿足。

三、體育

據報導，某小學舉行的升旗儀式上，短短十分鐘，一個班級竟有三位女同學暈倒在地；

某高中舉行的十八歲成人儀式上，四十分鐘之後，幾個孩子接連倒地，而一些快退休的老師卻能堅持一直站立著，形成了強烈的反差；

清明節，在許多學校組織的掃墓活動中，步行僅一兩公里的路程，一些學生便吃不消，一天中竟有十幾名學生暈倒；

在許多學校組織的軍訓活動中，多數孩子都感到體力不佳，難以完成軍訓目標，最後教官只好改變計畫，降低要求。

這些事例已經為我們敲響了警鐘。重視孩子的健康教育已勢在必行。

「健康第一，學習第二。」體育之效在於強筋骨，因而增加知識，因而調節感情，因而增強意志。強健筋骨，吾人之身；知識、感情、意志者吾之心。」他深知透過體育鍛鍊可以強意志，故而主張「文明其精神，野蠻其體魄。」有些偉人從青年時代就開始以早晨冷水浴，夏天日光浴，冬天風浴等方式來磨練自己的意志，終能成就一番偉業。

加強營養

早在一九四六年，日本在推廣營養午餐時，就曾提出「一杯牛奶強壯一個民族」的口號。一九五四年，更進一步制訂了《學校午餐法》。四十多年過去了，日本已連續十二年成為世界上平均壽命最高的國家。

營養的意義不在於花錢的多少，而在於改善傳統的膳食習慣，講究吃得品質合理，講究營養平衡。有人說日本人是用「眼睛」吃飯，追求盤子裡的五顏六色；法國人用「心」吃飯，什麼酒配什麼菜，什麼食材吃什麼

菜；美國人用「腦」吃飯，什麼能吃，什麼不能吃；只有中國人用「舌頭」吃飯，追求酸甜苦辣鹹的味道融合與平衡。

中國的父母對於營養學的知識知之甚少，直接導致了孩子不能建立良好的飲食習慣。比如許多孩子喜歡挑食，偏愛甜食、油炸食品或零食。而甜食過多可使體液改變其弱鹼性的正常狀態，引起腦功能下降，比如精神不振、記憶力渙散、反應遲鈍，重者可導致神經衰弱；零食也會使胃腸老是處於緊張狀態，因消化所需，大量血液集中在胃部，致使腦部供血不足導致缺氧，影響兒童學習時的精力集中；另外，營養過剩還容易引起小兒肥胖，現在的小孩肥胖的比例越來越高；還有的家長動不動就讓孩子吃一堆補品……

有關營養學的知識很多，廣大父母應透過學習了解，合理的引導孩子進食，以保證其攝入健康成長所需的營養。營養不足或不均衡，將直接影響到孩子的健康狀況。

良好的飲食習慣

一、不挑食，愛吃各式各樣的食物。

調查發現：孩子偏食多受父母的影響，其中母親偏食對孩子影響最大。有偏食習慣的家長往往在飯桌上，談吐中流露出對某種食品的偏愛或不喜歡。無意中，他們的每一句偏食的議論，每一個偏食行動，孩子都看在眼裡，記在心上，並產生心理效應，從而漸漸的形成偏食的不良習慣。所以，成人要以身作則，千萬不要當著孩子的面議論自己愛吃什麼，不愛吃什麼。但要提醒家長的是：孩子愛吃的食物，不要讓他吃得過多，避免「吃過頭」了，以後反而不愛吃了。孩子不愛吃的食品，要訓練他吃，每頓吃一點，並講解它的好處，大人帶頭吃給孩子看，讓其養成什麼飯菜都

愛吃的習慣。

二、按時吃飯，不吃過多的零食。

有的父母為了使孩子按照成人的意圖行事，常常喜歡用零食來哄騙孩子，或者用零食來緩解、轉移孩子的某種要求，久而久之，養成了孩子愛吃零食的壞習慣。零食吃得多了，自然吃飯的慾望就下降了，甚至於不想吃飯。要讓孩子改掉吃零食的壞習慣，就要讓孩子按時吃飯，每天按照一定的次數和間隔時間用餐，漸漸的小兒的正常飲食習慣就形成了。每天，在小兒的中樞神經系統的支配下，消化器官能有規律的工作，在每次進食前做好心理和生理的準備，到了接近吃飯的時候，就會自動分泌消化液，產生飢餓感和食慾。孩子吃飽了、喝足了，自然對零食的興趣就減低了。食物吃進胃裡，要停留一段時間才能被消化。如果小孩不定時吃飯，經常吃零食，胃就要不斷的工作，得不到休息。長此下去，自然會造成消化功能紊亂，影響小兒的食慾。

三、要為孩子創造一個寧靜、輕鬆、愉快的用餐環境。

吃飯前，不要讓孩子玩得太興奮，這樣會分散孩子的注意力。吃飯時，不要責備孩子，有問題在飯後適當時間處理，以免影響孩子的情緒。吃飯時應精神集中，不要邊吃邊玩；要坐在固定的椅子上吃飯，不要滿地跑著吃，或邊看電視邊吃飯。小孩一旦吃飽，不想再進食了，千萬不要再勉強。

四、細嚼慢嚥，能使食物與消化液充分混勻，有利於孩子胃的正常消化功能。

家長應給孩子安排充分的時間用餐，不要老是催促「快快吃」，這對小兒的消化吸收只能有害無益。

五、不要暴飲暴食。

吃飯不僅要定時，還需要定量，避免食物可口、愛吃的就拚命吃，不可口的食物就少吃，以至飢飽不均的狀況。逢年過節時尤其對小孩的食物要加以限制。

六、培養孩子進餐時的禮節。

例如：不能任意在盤中挑三揀四；或把喜歡吃的菜放在自己的面前，完全不顧他人；要吃多少盛多少，不剩下飯菜；咳嗽、打噴嚏時，要轉過頭低下身，或用手捂住嘴（然後洗手）等。

良好的飲食習慣，不是一朝一夕就能形成的，而是在日常生活中長期磨練後逐漸養成的。只要父母身體力行，以身作則，善於誘導，樹立良好的榜樣的話，是完全可以做到的。

充足睡眠

醫學專家認為，孩子的睡眠與生長發育是密切相關的，孩子的生長主要是在睡眠時完成的。按照醫學要求，小學生每天睡眠時間不能少於十小時，中學生應該在八到九小時，這是正常的生理需要。但現在的孩子大都沒達到這個標準的睡眠時間。而且，由於學習壓力過大，或者來自於家庭、社會、學校的影響，相當多的孩子睡眠品質也不高，這對於學習和身體都極為不利。

根據對十一所中學的抽樣調查，百分之三十五點九的國中學生二十二點至二十三點上床，大多數學生六點至六點三十分起床，開始一天的學習生活，平均睡七個半小時，睡眠不足，嚴重影響了學生的生長發育和身體健康。

可是竟有一位家長抱怨說她的孩子太不用功，晚上十一點就睡了，應

第四章　亡羊補牢未為遲也

該十二點以後再睡，她表示遺憾的說：「多一個小時能多背多少英語單字啊！」半夜十一點才睡竟成了孩子不用功的表現。還有一個高中生在日記中心情沉重的檢討自己一夜竟香甜的睡了三個小時，好像自己犯了什麼彌天大罪似的呢！

造成這樣的局面，一定程度上也受到考試教育的影響。但主要原因還是在於家長，家長應該善於體察孩子存在哪些方面的壓力。國高中學生感到煩惱的問題主要是學習成績不理想、升學壓力、睡眠時間少等，當然還有另外一些問題，比如社團活動少、作業太多、很難與父母交流、身體狀況不好，還有與異性的交往或因戀愛而產生的煩惱。明白這些問題，將有助於家長與孩子的溝通並給予及時的引導，從而保證孩子具備良好心情和良好的睡眠品質。幫助孩子合理分配時間、改善睡眠狀況，正視客觀存在的壓力，是提高學習效率和學習成績的重要手段，同時也是保證孩子身心健康發展的重要因素。

【相關案例】

如何保護幼兒的睡眠衛生？

孩子的睡眠與其生長發育有著直接的關聯。二到四歲的孩子仍然需要每天十到十三個小時的睡眠時間，如何保證孩子的睡眠品質呢？家長千萬不要忽略以下幾點：

一、睡前太興奮。

孩子快到睡覺的時間了，大人應創造環境保證孩子睡前狀態的安寧，這對孩子很快入睡和睡得沉很重要。我們說，睡眠過程是大腦皮質的抑制過程，那麼睡前的這一階段可以說淺抑制狀態，應保持孩子的情緒穩定，避免過度興奮。如果由於某種刺激一下子將「瞌睡蟲」趕跑了，孩子就難

以入睡了。因此，在孩子入睡前要做到「六不要」，即不要看恐怖或打鬥的電視節目；不要打罵孩子；不要喝有強烈刺激性的飲料；不要玩活動量大的遊戲；不要講驚恐害怕的故事；不要聽節奏強烈的音樂。總之，要給孩子創造一個安靜的睡前狀態，讓孩子一躺下就能很快入睡。有的孩子有「不鬧一下就不睡」的習慣，也就是睡前總是要哼哼嘰嘰哭哭啼啼的，這也不需要採取什麼特別的措施，家長只要拍拍哄哄，或者哼唱催眠曲，片刻之後，孩子便會進入睡眠狀態了。

二、睡彈簧床和使用電熱毯。

幼兒生長發育旺盛，晚上睡覺即便是在冬季一般也有微汗泌出，若再使用電熱毯，被窩溫度過高，加速新陳代謝和出汗，體內水分會喪失過多，容易發生脫水熱。幼兒手腳伸出被外，還容易受涼感冒。品質不佳的電熱毯還可能影響嬰兒的生殖系統的發育，甚至造成不育。兒童的骨骼骨質較軟，可塑性很大，長期睡彈簧床會影響脊椎的生長，引起駝背、脊椎畸形或腰肌勞損等症。因此，小孩忌睡彈簧床。

三、陪嬰兒入睡和摟孩子睡覺。

研究發現，父母親陪在身邊入睡的孩子，夜裡醒來哭鬧的比率是單獨入睡嬰兒的兩倍。而且夜裡醒來哭鬧時，也經常必須由父母陪在身邊方可再度入睡。良好的睡眠習慣也應從小培養，嬰兒四個月時，就可將他放在小床上，等他略有睡意即可離開房間，讓其自己入睡。這樣，他夜間醒來時哭鬧的次數便會自然日漸減少。有些年輕的媽媽由於十分疼愛自己的小寶寶，常常摟著孩子睡覺，時間久了就使孩子養成了不摟的話不睡的壞習慣，這對母子都有害無益。一是孩子吸不到新鮮空氣，會把被窩裡的混濁氣味吸入肺部，易使孩子生病；二是影響母子睡眠品質；三是限制孩子睡

眠時的自由活動，使其難以舒展身體，影響其正常的血液循環。

四、缺乏照料小兒睡覺的研究。

人體生理時鐘研究表明，小孩出生後十天就開始出現像成人那樣的深睡期與淺睡期互相更替的現象。深睡期呼吸緩慢均勻，兩眼緊閉，全身無動作，外界刺激不易將其弄醒；淺睡期，呼吸幅度變動較大，動作多，有時小孩兩眼似睜非睜，有時則兩眼睜開數分鐘，看上去似乎睡醒了，但其實還需繼續睡下去。淺睡期的小孩很容易被各種刺激所吵醒。深、淺睡眠的交替為一個「睡眠週期」，約為一小時左右。值得注意的是：在淺睡期出現的全身動作，哭、叫以及短時間的覺醒時，沒有經驗的母親往往會誤認為小孩已經睡醒而抱起穿衣或換尿布等，這樣反而干擾了他的睡眠週期，孩子會哭鬧不止。此時應順其自然，不久後，小兒又會進入第二次深睡期。要認識到：在淺睡期中出現一到三分鐘的哭叫，或五到六分鐘斷斷續續的哼哼，是三歲以內小孩正常睡眠的特徵之一。

五、捏物入睡。

孩子手裡總喜歡捏弄物品，有的孩子甚至養成了入睡時手不停的擺弄東西的壞習慣。比如：摸枕邊、被角、咬衣角等等。家長不能遷就孩子的這種不良習慣，任其發展，而是要及時發現，幫助孩子盡快改正。睡前可給孩子講述幾個小故事，或放一點輕音樂，分散其注意力，讓孩子逐步忘卻撥弄物品之事，時間一長，孩子睡前捏弄物品的壞習慣就可改掉了。千萬不要用強硬的辦法，或是恐嚇的方法，這樣做往往會適得其反。

六、蒙頭睡覺。

有的孩子睡覺時常將頭縮進被窩裡，尤其是冬季，這是不好的習慣。頭蒙在被子裡睡覺，空氣不能流通，被窩裡二氧化碳氣體的濃度增大，氧

氣減少，時間一長，人就會感到胸悶，影響睡眠的深度。有時還會因此做
噩夢，大聲喊叫，時間一久，會影響孩子的身體健康和智力發育。

四、美育

（一）審美力

審美教育

美的事物在人心中所喚起的感覺，是類似面對我們親愛的人時洋溢在
我們心中的那種愉說。我們無私的愛美，我們欣賞它、喜歡它，如同喜歡
我們親愛的人一樣。由此可知美包含著一種可愛的、為我們的心所珍視的
東西。 —— 車爾尼雪夫斯基

審美教育又稱美育，是運用藝術美、自然美和社會生活美來培養受教
育者正確的審美觀點和感受美、認識美、鑑賞美、創造美的能力的教育。
廣義的審美教育則是指運用自然界、社會生活、物質產品與精神產品中一
切美的形式給人們以耳濡目染、潛移默化的教育，以達到美化人們心靈、
行為、語言、體態，提高人們道德與智慧的目的。

人類生命的發展史從一定意義上說就是一部審美實踐的發展史。社會
實踐是人類生命得以誕生和發展的前提和基礎，而審美則是人類社會進步
與完善的標誌和象徵。人類的生命越完善，其審美標準就會越提升，人類
的審美實踐活動就會越豐富多彩。

世人公認的第一位全面論述美育的美學家 —— 德國詩人席勒，把美
育提高到哲學的高度加以闡述。他認為每個人都有「人的人格」和「人的
狀態」兩種基本因素。前者代表人的理性衝動，後者代表人的感性衝動。

153

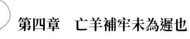

第四章　亡羊補牢未為遲也

所謂人性的理想境界，就是這兩種衝動的和諧統一。但這種和諧統一必須經由第三種力量的形式來實現，也就是審美。透過審美達到「完美人性」。於是他認為：「如果要把人變為理性的人，唯一的途徑就是先使他成為懂審美的人。」王國維也認為教育的宗旨在於透過「體育」和「心育」（包括德育、智育和美育）而培養完全之人，「美育者，一面使人之情感發達，以達到完美之域；一面又為德育與智育之手段。」而在古代美學體系中中國的孔子和古希臘的亞里斯多德都充分肯定美育的作用，比如孔子認為，向「完人」的境界攀登的必經之路是「興於詩，立於禮，成於樂。」而藝術境界就像純青的爐火，可以使人在狂熱中得到改造。亞里斯多德認為，藝術可以淨化內在精神，使其進入一種和諧與愉悅的狀態。

審美教育的根本目的是培養人們具有良好的審美體驗，具有感受美、鑑賞美的能力。審美體驗在審美活動中與人的精神需求相伴而生，是現實生活中的人的心理活動的產物。生活中，美隨處可見，同樣的，審美體驗也是隨處可得的，只要有人生活的地方就有美的存在；只要存在美的地方就會引發人的審美體驗。

不幸的是，很多家長僅僅把審美教育當成了才藝教育。他們幾乎是強迫孩子學習繪畫、鋼琴、舞蹈等，認為這就是審美教育。我們教育的目的不是要教會孩子唱一首歌、跳一支舞、背一段詩、畫一幅畫，我們是希望透過這些體驗能有效的陶冶孩子的性情，培養孩子的審美情感，最終能建設人的完美的心理結構。

教育家蘇霍姆林斯基說過：「教育，如果沒有筆，沒有藝術，那是不可思議的。」美感是一種愉悅的情感體驗，美的教育首先需要孩子有積極的情緒、情感的參與。

那麼，如何在家庭教育中進行審美教育呢？專家建議家庭美育應該注意以下幾點：

一、創造美的家庭環境，為發展孩子美感和審美能力提供沃土

孩子天天生活在家庭環境之中，家庭環境的好壞，直接影響著孩子的情趣和習慣。家庭環境的美，最基本的標誌就是乾淨、衛生、整潔、明亮。父母把家庭經營得井然有序，傢俱擺設合理，疏密適度，門窗明亮，乾淨的家庭環境給人以愉悅的感受，會使孩子感到舒適愉快，形成一種明快的美，無形中也培養了他們愛整潔、愛乾淨的情感和美的習慣。若是把屋裡的東西擺得雜亂無章，裝飾庸俗土氣，沒有一塊讓孩子玩耍的空間，這些都不利於對孩子進行美的薰陶。

二、引導孩子領略自然之美，發展他們的美感

豐富多彩的大自然山青水秀、鳥語花香、欣欣向榮。對孩子來說，這一切都充滿了神奇的色彩。父母應利用大自然的美好對孩子進行美的薰陶，比如帶孩子到郊外野遊、到公園玩遊戲、到動物園觀賞動物等等。在欣賞時，家長最好把簡練的語言和眼前的風光融合在一起，進一步啟發孩子的靈感和想像力，加深對大自然美的領會，把孩子的思想感情帶到優美的境界中去。這些自然的景象，孩子們雖然天天看得到，但都不知不覺的成為過眼雲煙，不易引發美的感受和聯想，腦子裡似乎沒留下什麼。只有家長用適當的方式來啟發和誘導，孩子們才能從平凡的事物中體會到自然美，體味到其中蘊涵著的美。對於山水景物的欣賞更需要家長慢慢的加以引導，使孩子去領受自然造化的美麗。孩子們徜徉在品項繁多的動植物大觀園中，能學到知識，開闊視野，豐富想像，同時也接受了美的薰陶。

第四章　亡羊補牢未為遲也

三、培養孩子樹立「四美」觀念，使孩子具有高尚的審美情操

使孩子在日常生活中逐步做到「心靈美、語言美、行為美和儀表美」，是父母對孩子進行審美教育的核心。陶冶孩子心靈美，要從小對孩子進行思想情操的培養，堅持從小處著眼，從小事做起，從一點一滴開始，使孩子養成優良的品德、作風及健康的審美情趣，追求真善美。美的語言反映著家庭和社會的文明程度，反映一個民族的精神面貌。因此，父母要培養孩子在日常講話中做到和氣文雅，謙遜有禮，落落大方。教育孩子在與別人說話時要以理服人，不強詞奪理，不惡語傷人，要談吐文雅，不說粗話、大話、髒話，不盛氣凌人。父母要經常有意識的向孩子灌輸禮貌用語，及時糾正孩子的語言習慣，讓他們從小養成良好的語言習慣。美的行為是一種榜樣、楷模，父母是孩子的第一任老師。家長美的行為、家庭和睦，對孩子都是無聲的教育，孩子都會效仿，從中吸取向上的力量。而且還要培養教育孩子從小熱愛勞動、互相友愛、守紀律、愛護公物、重視衛生、不隨地吐痰、不亂扔髒物。克服獨生子女的孤僻、好吃懶做，專橫跋扈等不良習氣。儀表美是培養孩子穿著要整潔、美觀、乾淨、大方。父母打扮孩子要注重從小使他們懂得什麼樣的儀表是美，什麼樣的儀表是醜。父母不應一味的追求時髦、追求打扮，給三歲的孩子燙髮，戴耳環、戒指，濃妝豔抹，穿緊身衣等。這些不適宜孩子的裝束，對孩子的正常發育和辨別美與醜都會帶來不良的影響。父母為孩子選購衣服應適合兒童的特點，款式要簡單、大方、美觀，色彩要明快、活潑。

四、培養孩子廣泛的藝術興趣，教育孩子懂得審美的辯證方法

父母應借助於藝術的手段，培養孩子廣泛的藝術興趣，豐富孩子的生活，培養孩子高尚的情操，這對於發展孩子透過藝術的美，來提高審美能

力是十分重要的。對孩子來說，文學作品、音樂、舞蹈和工藝美術等都有巨大的感染力。比如音樂可以陶冶孩子的情趣，優美的旋律能培養孩子的音樂聽覺，引導並啟發孩子溫柔的性格。歌聲進入幼小心靈，起著潛移默化、發展智力和想像力的作用。父母還可以從小培養孩子學習一兩種樂器，比如鋼琴、小提琴以及管弦樂等。玩玩具可以發展孩子的想像能力和思維能力，看圖書、聽故事能培養孩子對文學作品的欣賞興趣和求知慾望，以培養孩子的藝術感受能力和欣賞鑑別能力。

此外，父母還應該教育孩子懂得美的辯證方法。許多哲學的道理都是可以用現實中平凡的例子去說明的。比如外表漂亮的金龜子、蝶類和各種蛾類，雖然牠們「鮮豔奪目」，但因為牠們侵蝕農作物，與人類為敵，往往不被認為是美的；而外表並不好看的蝙蝠、青蛙，卻因為能夠消滅害蟲，有益於人類，人們都時時不忘記牠，牠們的本質是美的。又比如耳朵聾了仍不放棄作曲的音樂家貝多芬，他們都克服了生理上的巨大痛苦而為人民作出貢獻，成為受人尊敬的人。他們的心靈之美，是值得每一個身體健康的人都好好學習的。這些生活中的例子，歷史上和現實中的人物事蹟，證明了一條樸素的真理：為人類做出貢獻的，雖然外表差一點，但人們也會認為很美，而那些損人利己的，即使看起來很奪目，但本質是醜的。這些道理，靠泛泛而談，不容易使孩子信服，而從故事和見聞中的例子加以啟發和誘導，卻容易取得良好的效果，透過這樣的審美教育，孩子就懂得了美的真諦。

藝術化生存

史傳蔡邕膝下無子，只有一個獨生女兒叫蔡琰，即蔡文姬。為了教育好女兒，蔡邕除了很早就教她讀書以外，還特別注意用音樂對女兒進

第四章　亡羊補牢未為遲也

行啟蒙教育。《世說新語》中有這樣一段趣聞：一次，蔡邕夜晚彈琴，彈著彈著忽然斷了一根琴弦，當時只有六歲的蔡琰隨口說道：「斷的是第二根弦。」蔡邕一聽很奇怪，以為她無意猜中，於是又故意撥斷一根，問女兒這是哪一根，結果蔡琰不加思索的回答「第四根弦。」又猜中了。蔡邕還是不相信，他故意對女兒說：「妳是偶然猜中的？」蔡琰說：「古代季札能從琴聲中預知國家的興亡，師曠能由音律中識別風向。從這些來推斷，有什麼事情是不可知的呢？」蔡琰對答如流，說明她的判斷準確無誤不是偶然的，反映出她六歲時候音樂素養已經達到了相當高的水準。史傳蔡琰「博學有才辯，又妙於音律。」都與她小時候所受的啟蒙教育有關。蔡琰具有驚人的記憶力。由於戰爭，她曾被北方匈奴所擄，在匈奴生活多年，後來曹操將她贖回。當曹操向她詢問關於她父親蔡邕的著作下落時，蔡琰答道：「我父親著書四千卷送給我保管，後來我顛沛流離，全部失散，現在我能記得的只有四百多篇。」蔡琰憑著記憶，只用了不長的時間就將這四百餘篇著述回憶寫出送給了曹操，受到曹操的連聲稱讚。蔡琰又是歷史上傑出的女詩人和女音樂家，她所創作的《胡笳十八拍》動人心弦，成為千古絕唱。這些，除了與她個人的豐富生活經歷和體驗有關外，也與她從小奠定的良好的音樂素養有直接關係。

　　古人教育孩子的一種重要形式是「游於藝」。游於藝，就是利用藝術形式讓孩子透過遊藝活動受到教育。為此，古代教育家一向把琴、棋、書、畫做為一個知識分子必須掌握的基本功，有遠見的師長也總是把學習藝術做為啟蒙教育的重要內容。晉代太傅王導，經常用跟兒子下棋的辦法，鍛鍊孩子的智力。他的兒子王悅很小就聰明有才華，名聲遠播。宋代民族英雄文天祥的父親是一個棋術很高的知識分子。在父親的影響下，文

天祥從小愛好下棋，能和同伴們在水中一邊游泳一邊口頭對弈。遊戲對他後來的智力發展有很大影響，說明了藝文活動對孩子早期教育有很重要的意義。

　　藝術不但有助於促進孩子的智力發展，特別重要的是可以陶冶他們的性情，使他們從小具有對於美的渴望與追求。這對鍛鍊和培養他們的美好性格與品德都具有特殊的意義。相傳，唐代大詩人杜甫小時候曾經有幸看到當時著名舞蹈家公孫大娘表演的舞蹈——「劍器舞」。公孫大娘的精彩表演，使幼年杜甫發現了一個新的天地，從而展開想像的翅膀，激起了他對美的追求。一直到晚年，每當杜甫回憶起兒時這一段美好的記憶時，仍然覺得歷歷在目，令他驚嘆不已。無疑，這對他成為一個偉大詩人是有重要影響的。

　　藝術對人的啟蒙教育的作用如此深刻，應該受到所有父母和師長的重視。特別是那些有條件使孩子接觸各種藝文的家庭，更應該捨得在這方面多花些精力和本錢，使孩子從小在藝術的領域中受到鍛鍊。有的家長以自己的孩子沒有「藝術細胞」為藉口，也不希望自己的孩子成為專業藝術家，於是放棄藝術啟蒙的作法是十分錯誤的。這是因為啟蒙教育的首要任務是全面開發孩子的智慧。智慧具有兩種含義，即一般智慧與特殊智慧。一般智慧是從事一切工作都必須具有的基礎條件，比如觀察力、記憶力、注意力、理解力、想像力及思維能力等等；特殊智慧則是指從事某種特殊專業應具備的能力。我們對孩子進行藝術啟蒙，雖然並不排除由此可以培養一部分孩子日後成為各種藝術家的可能，但對大多數孩子來說，這並不是主要的目的。更主要的是透過藝術啟蒙，促進對孩子一般智慧的全面開發，使他們在觀察力、記憶力、想像力、思維能力、創造能力等各方面都

得到發展，為他們以後的成才奠定堅實基礎。那種認為只有培養演員、歌手、畫家才有必要進行藝術啟蒙的觀點，與那種由於家長本人不愛藝術、不懂藝術，便忽視藝術啟蒙的看法和作法不但是片面的，而且是有害的。

（二）想像力

有人說，想像力是人才的翅膀，想要有作為的人只有借助想像力這副翅膀，才有可能發揮創造的才能。的確，創造離不開想像，想像力是創造性人才不可缺少的基本素養。想像力對於兒童尤為重要，培養提高兒童的想像力，就是擴大了他們的智力活動範圍，等於給孩子們裝上了飛往科學王國的翅膀，在創造未來的事業中，他們可以盡情的去飛翔馳騁。

談到想像力的培養，讓我們先講一個有趣的故事吧：

北宋時期，有一個叫陳用之的人，他擅長畫畫，但對自己畫出的畫總覺得不滿意。有一次，他拿著畫好的畫去向當時著名畫家宋迪求教，宋迪認真的看了他的畫以後對他說：「你的畫的確很有技巧，不過嚴格說起來還有些死板，缺少『天趣』。」陳用之對於宋迪的批評十分服氣，他說：「我自己對自己的畫也不滿意，總覺得比不上前代畫家，但卻苦於找不到癥結何在，現在我明白了問題在哪裡。」他誠懇的向宋迪討教，問宋迪怎樣才能克服這個缺點。宋迪思考了一下對他說：「要克服這個毛病並不難，你可以先找一面殘破敗壞的牆壁，用一張白絹貼在牆上。然後你堅持每天從早到晚看著它，時間一長，你就會隔著白絹看見牆上那些高低不平、曲曲折折的地方都像山水一樣：高的是山、低的是水，有崁的部位是山谷，凹隱部位是山澗，清楚的部分是近處，不清楚的部分是遠處。在此基礎上，你就會『神領意造』，發現牆壁上出現了人物、飛禽、草木等往來飛動的形象。這時，你再欣然提筆，把這些自然形成的天造境界畫出來，這就叫

『活筆』。」

　　據說，陳用之聽了宋迪的話很受啟發。他按照宋迪的指示去做，經過一段時間的練習，繪畫格調大有長進，終於練就了一支「活筆」，成為當時著名的畫家。

　　這個有趣的故事既說明了想像力的重要，又告訴人們，人的想像力是可以透過一定的訓練得到提高的。

　　陳用之一開始畫出的畫為什麼缺少「天趣」，為什麼死氣沉沉，沒有活力？原因不在於他的畫技不高，而在於缺乏想像力。缺乏想像力的畫家自然不會有「活筆」。這就說明了，有沒有想像力對於繪畫藝術來說具有多麼重要的意義。

　　其實，想像力不僅為文學藝術等創作所需要，而且對於科學研究、技術革新、工程設計等等都同樣具有十分重要的作用。十九世紀荷蘭著名化學家范特霍夫，曾經就「想像」這種才能對許多科學家做過調查研究，發現他們當中最傑出的人都具有高度發達的想像力，這證明想像在人的智力活動中占有極為重要的位置。相傳魯班因茅草葉的鋸齒形邊緣產生聯想而發明了鋸子，瓦特從沸水衝動壺蓋而獲得啟發發明了蒸汽機，牛頓從蘋果由樹上往下掉引發思考，從而發現了萬有引力……難怪教育家烏申斯基說：「強烈的活躍想像是偉大智慧不可缺少的屬性。」

　　今日，隨著全世界掀起的學習知識的熱潮，做父母的越來越關心孩子的學習，但也有不少父母的眼睛只盯著孩子的考試成績，只重視傳授知識，而忽視了想像力的培養。有的家長甚至把孩子豐富的「想像與發現」，斥為異想天開或不務正業，一概加以排斥，這樣做泯滅了孩子可貴的想像力，對孩子的智力發展十分不利。愛因斯坦說：「想像力比知識更

重要，因為知識是有限的，而想像力概括著世界上的一切，推動著進步，並且是知識進化的泉源。」愛因斯坦的這番話，應該成為我們的座右銘，每一位有志於教子成才的父母，都應該不失時機的重視培養孩子的想像力，把它作為家庭教育的重要任務。

第五章　成功父母經驗談

每天進步一點點

孩子的成長與進步是一個很漫長的過程,家長們經常會變得著急起來:這孩子怎麼進步得這麼慢呀,離我們預想的目標差遠了。

有這樣一個故事對我們很有啟發性。

一九八四年,在東京國際馬拉松邀請賽中,名不見經傳的日本選手山田本一出人意外的奪得了世界冠軍。當記者問他憑什麼取得如此驚人的成績時,他說了這麼一句話:「憑智慧戰勝對手。」

當時許多人都認為這個偶然跑到第一的矮個子選手是在故弄玄虛。馬拉松賽是體力和耐力的運動,只要身體狀況好又有耐性就有望奪冠,爆發力和速度都還在其次,說用智慧取勝確實有點勉強。

兩年後,義大利國際馬拉松邀請賽在米蘭舉行,山田本一代表日本參加比賽。這一次,他又獲得了世界冠軍。記者又請他談談經驗。

山田本一性情木訥,不善言談,回答的仍是上次那句話:「用智慧戰勝對手。」

這回記者在報紙上沒再挖苦他,但對他所謂的智慧迷惑不解。

十年後,這個謎底終於被解開了,他在他的自傳中是這麼說的:「每次比賽之前,我都要乘車把比賽的路線仔細的看一遍,並把沿途比較醒目的標誌畫下來,比如第一個標誌是銀行;第二個標誌是一棵大樹;第三個標誌是一座紅房子……這樣一直畫到賽程的終點。比賽開始後,我就以百米的速度奮力的向第一個目標衝去,等到達第一個目標後,我又以同樣的速度向第二個目標衝去。四十多公里的賽程,就被我分解成這麼幾個小目標輕鬆的跑完了。起初,我並不懂這樣的道理,我把我的目標定在四十多公里外終點線上的那面旗幟上,結果我跑到十幾公里時就疲憊不堪了,因

為我被前面那段遙遠的路程給嚇倒了。」

在現實中，我們做事之所以會半途而廢，其中的原因，往往不是因為難度較大，而是覺得成功離我們較遠，確切的說，我們不是因為失敗而放棄，而是因為倦怠而失敗。在人生的旅途中，我們稍微具有一點山田本一的智慧，一生中也許會少了許多懊悔和惋惜。

就本能而言，對於新事物新知識，孩子總會特別的好奇和興奮，常表現出濃厚的興趣。比如學英語，從字母到音標單詞、句型語法、拼讀、書寫，新鮮而又刺激。剛入門的時候，大都會有很不錯的成績。可是隨著逐步深入，難度變大了，進度變慢了，成績也不太明顯了，這是很正常的現象。這時候應戒驕戒躁，只要不斷的努力，最後的進步肯定會顯現出來。我們應當鼓勵孩子，引導他正確的學習方法，一味的焦急責罵孩子，只能吞噬他們原有的熱情而使事情變得更糟。

許多父母正是不明白這一點，追求陽光下立竿見影的效果，過於關注和熱愛那種明顯的進步，而無法忍受緩慢的進程。在急切的心情下，威逼孩子往往會起到相反的作用，正所謂「欲速則不達」。

摘取科學皇冠的母女

居禮夫人，因其在科學上的傑出貢獻而名垂青史，被後人尊稱為「鐳的母親」，她的名字幾乎無人不曉。可是，你知道嗎？居禮夫人的女兒伊雷娜也是一位科學家呢，並且獲得過諾貝爾獎，她和丈夫約里奧一起，發現了「穩定的人工放射性」，成為世界有名的物理學家。伊雷娜的成就，凝聚著母親辛勤培育的心血和汗水。

伊雷娜的母親居禮夫人，不僅是一位偉大的科學家，而且是一位愛孩

子的好媽媽。女兒對科學的喜愛，對事業的嗜好和她那堅強的性格，大多是來自母親的薰陶和培養。

　　伊雷娜出生後，居禮夫人像觀察鐳一樣的仔細觀察女兒的生長發育。每天，她都要把孩子的體重、飲食和乳齒的生長等情況一一記錄在專門的筆記本上。女兒十個月了，媽媽的筆記本上記著：「伊雷娜會用手勢『道謝』……她現在很會爬，她會說『走呀！走呀！走……』她會滾，會自己站起來，會自己站坐下去」；「伊雷娜長了第七顆牙齒，在下面左邊。不用人扶，她可以站半分鐘。她與貓玩，大喊著追牠。她不怕生人了，她常唱歌」。每天晚上，居禮夫人從實驗室回家，都給孩子洗澡，然後帶她去睡覺，在小伊雷娜入睡前，她總要站在小床邊停留很久，一直到女兒睡著發出輕微的呼吸聲，她才離去。

　　伊雷娜長大了，媽媽規定她每天在家裡做一小時的功課。細心的媽媽注意到女兒具有數學天賦，就加強這方面的訓練。居禮夫人還要女兒學園藝、烹調和縫紉。一旦女兒的行為有輕率魯莽的表現時，媽媽就及時嚴肅認真的加以糾正；女兒有大膽、勇敢的舉動時，就及時給予鼓勵和讚揚。每當夜晚有大雷雨時，媽媽常常來檢查她有沒有用被子遮住頭，培養她不怕黑、不怕賊的膽量。伊雷娜做錯了事，媽媽從不在肉體、飲食等方面對孩子進行懲罰。有一次，伊雷娜對媽媽沒禮貌，媽媽生氣了，為了警告她，居禮夫人整整兩天沒和女兒說話，使伊雷娜終生難忘這次過錯。

　　有一次，伊雷娜對媽媽說：「我寧可出生得晚一些，生在未來的世紀裡。」媽媽回答她：「人們在每一時期，都可以過有趣而有用的生活。我們應該不虛度一生，應該要能夠說：『我已經做了我能做的事。』只有這樣，我們才能快樂。」媽媽的話使女兒明白了一個人只要不虛度人生，珍惜生

命的時光，那麼不管生在哪個時代，都能創造出生命的價值。

「鐵娘子」的誕生

瑪格麗特‧柴契爾是英國歷史上第一位女首相，她剛毅果斷，以鐵娘子的美譽縱橫英國政壇，並一度成為西方立場、利益和意識形態的代表人物。

瑪格麗特‧柴契爾出生於英國一座偏遠的小城，她的父親名叫阿爾弗瑞德‧羅勃茲，是一個白手起家的雜貨店主。他克勤克儉、精打細算，加上他的能幹與精明，雜貨店漸漸有了起色，生意越來越興隆。

瑪格麗特‧柴契爾是這個勤儉之家的第二個女兒，自降生之日起，她童稚的眼睛裡就充滿著父親終日勞碌的身影。羅勃茲深知培養女兒勤奮勞動的重要性。因而自瑪格麗特‧柴契爾五歲起，羅勃茲就帶著女兒去雜貨店照看生意，有意讓女兒做一些力所能及的事情。

羅勃茲辛勤、毫不疲倦的勞動著，他的這一切給予了女兒耳濡目染的影響，同時他也有意識的培養女兒的勤勞的觀念，由稍帶強迫到女兒自主自為，羅勃茲使女兒無形中樹立起了高漲的工作熱情。正是少年時期的勞動鍛鍊，塑造了瑪格麗特堅強的意志。她自一九七九年五月出任英國的第一位女首相以來，工作極度緊張，其勞累程度足以使意志堅強、身強力壯的男人敗下陣來。她每週工作七天，而且經常每天工作十九至二十個小時；然而在大眾面前，她依然神采奕奕。

光是勤勞還遠遠不夠，不知節儉者再勤奮工作也是徒勞，羅勃茲相信這一點。因此，儘管家裡條件越來越好，但是在花錢方面，羅勃茲一直很嚴格把關，不是非花不可的錢，一分也不花。這一切是無言的舉動，也是

無言的教育。瑪格麗特在父親的薰陶下也形成了節儉的良好習慣。幼小的她常說：「我積蓄的目的就是雨天備乾薪。這些錢我準備用來讀大學。」

　　羅勃茲雖然在家裡精打細算，省吃儉用，但他對外人都很慷慨，他經常把食品與金錢施捨給窮人，女兒也經常聽到父親的教導，要她節省每一個銅板幫助教堂辦各項活動。用父親的話來說：「考慮問題的出發點是能否給人以實際的幫助。不要像有些人那樣，認為從床上爬起來到市場抗議一下，就是幫助了窮人。重要的是用你微薄的收入做了些什麼！」

　　羅勃茲用自己高尚的品格和行為率先垂範，這無疑對瑪格麗特優秀品格的形成產生了重大影響。

林肯的兩位母親

　　林肯是美國歷史上一位偉大的總統，深受人們的愛戴。從平民到總統，林肯經歷了常人不及的坎坷和曲折。

　　林肯有兩位母親，一個是他的生母，一個是他的繼母，林肯不幸早年喪母，但又有幸得到一個深愛他、並支持他的繼母。林肯的成功離不開他的兩位偉大的母親。

第一個母親：品質的培養

　　林肯母親南希是位個性善良，甚至有些羞澀的婦女。在決定事情時由於膽子小，通常是不採取主動，但在林肯五歲時，她突然變得膽大起來。

　　「孩子必須上學。」她說。林肯父親湯瑪斯開始反對：「讀書對於像我們這樣的人家是不重要的。另外，妳需要他們在家幫忙，他很快就是個好幫手了。」但在母親的堅持下，林肯和姐姐都進入了兩公里遠的一

所學校。

「你們今天學了什麼？」儘管很累，但南希還是常常問孩子。一次，林肯天真的問著他不知從哪裡聽來的名詞：「媽，什麼是解放？」南希屏住了氣，用目光注視著他：「解放，就是自由，就是一個人屬於自己而不像奴隸一樣屬於別人。這是每個人應當有的權利，不管是什麼膚色，這一點你一定不要忘了。」

孩子嚴肅的點了點頭。南希心裡輕鬆了，雖然她無法確定這番話對這個幼小的孩子所產生的影響。後來歷史卻證明，她的這番話，影響了一個國家的進程，這番話對孩子心靈的震動是無法形容的。

就是這個令人尊敬的母親給予自己的孩子以崇高的品質。

第二個母親：偉大的愛與幫助

孩子的心靈嚮往愛，無私的愛。這份愛對於他的成長有莫大的作用，促使他成為一個充滿愛心的人。但僅有愛還是不夠的，孩子的心靈渴望知識、渴望理解、渴望尊重。

而林肯的繼母莎拉確實的體會到了這一點，也切實的做到了這一點。

自從莎拉來後，家務事就不用林肯操心了。他又可以抽出更多的時間來讀書了。看到他如此愛讀書，莎拉就給他找來更多的書，生日時她送給林肯一本他盼望很久的《英語綴字課本》。繼母找給他的這些書可樂壞了林肯，他又可以重新徜徉在書的海洋中了。從這些書中他獲得了大量的知識，日後能取得偉大的成就，他不能不感謝他的第二個母親 —— 莎拉。

母子倆有了共同語言，孩子愛著繼母，而繼母也繼續用無私的愛來關心他、幫助他。一八二三年秋末的一天，他裝著一肚子新聞去見莎拉：「媽，您猜怎麼啦？人家說阿澤爾・多西要辦一所學校。我真希望也能

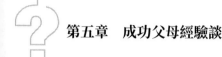

去。」莎拉很高興，她決定支持兒子。在她的堅持下，林肯的父親終於同意了。這對於他的影響是具有決定性的。

不管是在以後的生活，還是在他走進社會，步入政壇的日子裡，莎拉始終是林肯身後最強有力的支持。

從一位平民到總統，可以說，林肯經歷了許多令他難以忘懷的痛苦過程。然而，就是這樣一個倍受艱辛的人，改變了美國歷史的進程。不可否認，這與他勤奮刻苦的精神、不屈的鬥志及良好而珍貴的家教有密不可分的關係。

林肯生活在一個拓荒者的家庭，可以說是不幸的。但是，他又同時擁有兩個偉大的母親，他的母親對他的教育與影響導致了他的成功。

林肯說過一句話：「我的一切，都源於我天使般的母親。」有人問，你指的是哪一個母親？「兩個都是。」他肯定的回答道。

家庭教育十大原則

良好的家庭教育對孩子健康成長很有幫助。

第一、平等原則。

心理學研究證明：孩子與父母平等的爭辯，不僅是互愛的一種體現，而且能夠幫助孩子樹立信心，明辨是非，豐富想像力和創造力。而「獨裁」對孩子人格的影響是災難性的。許多家長覺得辛辛苦苦賺錢養孩子，孩子就應該聽自己的，必須服從自己。這種觀念應該改變，要把孩子看做是與自己平等的人。

第二、尊重原則。

我們尊重孩子，孩子才能尊重我們，有的家長只希望孩子對自己言聽計從，而不能有自己的觀點或者申辯一下，否則就對孩子大聲訓斥。這樣成長的孩子長大後很可能是一個人云亦云的人，沒有自己的觀點。

第三、感情交流原則。

很多家長錯誤的認為：「有書給你讀，有飯給你吃，有衣服給你穿，還想要什麼？」但人的成長不但需要物質，也有精神、情感的需要。若家長忽略孩子的精神、情感需要，孩子和家長就沒話說了。長期下去，兒女和家長相處會變得越來越尷尬。

第四、自由原則。

很多家長把孩子管得很嚴，卻往往吃力不討好，甚至引發悲劇。應相信孩子的能力，給孩子一個自由發展的空間。

第五、統一原則。

家庭的教育要和學校統一，否則孩子無所適從。另外，家庭成員之間教育的觀念要一致，否則孩子不知道聽誰的，結果就乾脆 誰的都不聽。

第六、榜樣原則。

家長是孩子第一個模仿的對象，家長一定要做好榜樣，別在孩子幼小的心靈裡種下不良的種子。

第七、信任原則。

謊言是從不信任中來的。如果你從孩子小時就很信任他（她），孩子

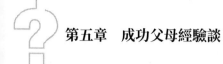

就沒有說謊的必要。

第八、寬容原則。

「人非聖賢，孰能無過？」孩子在成長的過程中，自然會經常犯錯誤。家長應該寬容的對待，大可不必「小錯大罵，大錯木棒侍候。」

第九、鼓勵原則。

許多家長有個壞習慣，當孩子取得好成績時便說：「是不是偷看來的？」當孩子成績差時又說：「你從來都是這樣差的。」儘管是很隨意的一句話，卻大大傷害了孩子的心。在家庭生活中，應該多鼓勵孩子。

第十、方法轉變原則。

教育方法要隨孩子的年齡的增大而不斷改變。

總之，不管你採取什麼方法來教育孩子，只要讓你的孩子感到生活很幸福，很愉快，健康，樂觀，他（她）富有愛心，充滿信心，對前途滿懷希望，那麼，你就是成功的家長。

家庭教育十忌

家庭教育的重要性已引起越來越多的人們的重視，下面所涉及的十個問題，是為人父母者在家庭教育中應注意的。

第一、忌重智輕德

重智育輕德育是家庭教育中普遍存在的問題。不少家長把考高分作為學生追求的主要目標，分數成了衡量孩子優劣的唯一標準，從而忽視了孩

子的思想品德教育。家長不但要注重培養孩子成才,更應注重教育孩子怎樣做人,幫助孩子樹立宏大的世界觀、人生觀和正確的價值觀,使孩子懂人生、明責任、敬學業、守法紀、愛勞動,做一個人格健全的有益於社會的人。

第二、忌嬌慣溺愛

有些家長對孩子過分嬌慣溺愛,只要孩子高興,就一味遷就,百依百順。孩子有過失,則百般袒護。在這樣的環境中成長起來的孩子認為整個世界都應為他服務,沒有責任心和自理能力。一些青少年走上歧途,有的就是父母嬌縱溺愛的惡果。「自古雄才多磨難,從來紈絝少偉男。」家長要記住這穿越歷史時空的金玉箴言。

第三、忌棍棒教育

有些家長相信「不打不成器」,當孩子不聽話或做錯事時,常不分青紅皂白的就打罵、訓斥。孩子挨了打並不知道錯在哪裡的話,鬱積心中的就是對父母的不滿。而抵觸情緒一旦形成,發展下去就會成為敵對態度,有機會定會向家長發難。有的孩子為避免挨打就編造謊言,隱瞞錯誤。有的孩子則模仿父母,性情粗暴,行為野蠻殘忍。有的孩子在棍棒之下變得膽小怕事,造成自卑變態心理。因打罵導致孩子出走,傷殘甚至死亡的事件,也常有耳聞,這應引發家長們深思。

第四、忌家庭不和

有些家長夫妻感情不好,就在孩子面前互相指責貶低,吵罵之聲充斥於耳。孩子在驚恐憂慮中度日,幼小的心靈中充滿悲傷,家庭對他們失去

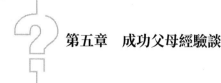

了吸引力。這樣的孩子極易離家出走，結交社會上不三不四的人，從而走上犯罪道路。家長們一定要為孩子創造一種恬靜、安逸、溫暖、快樂的家庭氣氛，保持家庭和睦，形成良好的家庭教育環境。

第五、忌一手包辦代替孩子做事

有些家長對孩子照顧得無微不至，穿衣、疊被、梳頭、洗臉、洗衣，一律包辦代替，甚至幫孩子在校值日，打掃衛生。這樣很容易使孩子產生依賴性，缺乏獨立精神。孩子失去了實踐機會，也就失去了自信和勇氣，同時也限制了孩子主動性。

第六、忌言而無信

有些家長隨便向孩子許下諾言而不能兌現，結果使孩子對父母失去信任。「曾子殺豬」的故事告訴我們為父母者必須履行自己的諾言，家長要以良好的行為品格影響人、教育人。為了讓孩子懂得做人要恪守信譽、言行一致，家長們就必須言傳身教，以身作則、為孩子做出表率。

第七、忌放任自流

有的家長忙於賺錢做生意，疏於對孩子的管教；有的家長沉迷於自己玩樂，無暇顧及孩子的教育；有的家庭夫妻離異，視孩子為累贅，對孩子不管不問；有的家長本身有不良行為，對孩子放任不管，孩子犯了錯誤得不到及時糾正的話，很容易誤入歧途。

第八、忌包庇護短

有的家長發現孩子和其他人打架鬧矛盾時，不問情由就向別的孩子發難；有的孩子在學校犯了錯誤受到批評，家長反而指責老師。這些家長

應該知道，當孩子行為出現偏差時，就像小樹長了枝枒，必須馬上進行修剪一樣，絕不可包庇縱容，否則只會使孩子失去自我，逐漸滑向罪惡的深淵。

第九、忌「溫室花朵」

現在的社會狀況比較複雜。一方面我們要培養孩子具有正直、善良、關心他人的崇高品德，另一方面我們又要使孩子具有在複雜的社會中的應變能力。如果孩子對社會一無所知，那麼，善良的好孩子走入社會後就會無所適從，容易受到傷害。所以，讓孩子全面了解社會，培養孩子的適應能力，也是家庭教育不可忽視的內容之一。

第十、忌忽視心理健康

有些家長只注意孩子的吃飽穿暖學習好，不懂得健康的重要條件之一是心理健康。在現代社會中，家庭關係、升學壓力、社會環境、父母溺愛等，都會對孩子們的精神造成壓力或使其心理脆弱，從而導致悲劇發生。不關心子女心理健康的父母，是不稱職的父母。孩子的心理健康不可忽視。

西方教子名言

美國著名的教育學家在《美國父母怎樣培育孩子》一書中，有一段著名的論述：

孩子生長於批評中，便學會評論人。孩子生長於敵意中，便學會攻擊人。孩子生長於恐懼中，便學會了焦慮。孩子生長於無助中，便學會了抱

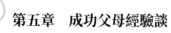

憾。孩子生長於荒唐中，便學會了羞愧。孩子生長於嫉妒中，便學會了懷恨。孩子生長於羞辱中，便形成罪惡感。孩子生長於鼓勵中，便學會了自信。孩子生長於包容中，便學會了忍耐。孩子生長於讚美中，便學會了欣賞。孩子生長於接納中，便學會了愛人。孩子生長於肯定中，便學會了自重。孩子生長於認同中，便有確定目標。孩子生長於分享中，便學會了慷慨。孩子生長於公平中，便學會了公義。孩子生長於誠實中，便學會了真理。孩子生長於安全中，便充滿了信心。孩子生長於友愛中，便將樂於存活。

聽聽孩子的要求

美國有學者對全世界五大洲的二十多個國家十萬名九歲至十四歲的孩子進行了一次大規模調查。題目是「你對父母和家庭有什麼希望和要求？」儘管這些孩子的膚色、經濟條件、文化背景各異，且來自不同的地區、民族，來自不同的階級和階層，但對父母的不滿和要求竟然大同小異。兒童對父母和家庭提出十條要求，最主要的要求是：

（一）孩子在場，父母不要吵架。

（二）對每個孩子要一視同仁。

（三）不能對孩子撒謊失信，說話要算數。

（四）父母之間互相謙讓，不可互相責怪。

（五）父母與孩子之間要保持親密無間的平等關係。

（六）孩子的朋友來家中做客時，要表示歡迎。

（七）對孩子提出的問題，要盡量全面的答覆，不要置之不理。

（八）在孩子的朋友面前或孩子在眾人面前，不要講孩子的過錯，更

不要批評指責孩子。

(九) 要更多的注意觀察、發現孩子的優點、長處，不要過分強調孩子的缺點。

(十) 對孩子的愛要穩定，不要時冷時熱，不要動不動就發脾氣。

父母要學會說「不」

首先，父母們必須清楚何時何地該說「不」，以下是四種必要的時候：

一、當孩子們的健康或安全處於危險狀態時應該說「不」。

當孩子們在繁忙的馬路邊跑來跑去，而不是抓住媽媽的手時，父母們必須說「不」；當孩子們在上學期間想晚上熬夜看電視或看成人電影時，也應當對他們說「不」；當他們想抽菸、喝酒或吸食毒品時，應該為了他們的健康和安全而說「不」。

二、當孩子即將違反規定時應該說「不」。

制定規定是為了教會孩子面對生活中的重要現實並且學會做人。家庭需要制定規定，以便每一個成員知道在自己的家庭是該如何生活的。規定可以教育孩子怎樣尊重他人。最重要的是，約束孩子能讓他們學會遵從並履行規定，這是在道德、法制及有序社會中生存至關重要的技能。

三、當孩子們態度蠻橫或粗暴時應當說「不」。

聽到「不」並且服從約束意味著孩子會逐漸變得友好、懂禮節並且以各種溫和的方式解決問題。蠻橫粗暴的孩子並不一定成長在縱容的環境中，更有可能的是他們沒有學會怎樣遵從約束，也沒有學會自律。許多蠻

橫粗暴的孩子沒有學會自我克制，而只是模仿了成人的粗暴行為。

四、為了讓孩子們富有責任感，應當對他們說「不」。

責任意味著什麼？一個有責任感的人能夠對控制需求、義務及信任做出反應。有責任心的孩子知道並且能履行自己的職責。有責任感的孩子並不是想做什麼就做什麼，當事情超出常規時，他會對自己或別人說「不」。怎樣讓孩子有責任感呢？讓他們在必要時聽到「不」這一字眼，知道應該用實際行動來表示自己的決心。孩子們可以透過以下變得富有責任感，即觀察有責任心的父母，承擔責任而得到積極的獎賞與鼓勵，讓他們懂得關愛自己的父母而不容許自己做錯事。

其次，用合理的、有效的方式說「不」需要自律。應當記住一個明顯的事實：孩子們不喜歡遭到拒絕，即使成年人想做某事時，我們也不樂意聽到「不」。我們必須客服自己說「不」時的矛盾心理，清除做嚴父嚴母的內疚、不安及勉強心理。

做到這一點的方法之一是相信提出限制並不意味著狹小。你必須說服自己這一點，因為你想要培養一個有能力而且有責任感的孩子。另外，你必須記住說「不」使你變成壞人，在說「不」時你必須學會應付孩子的惱怒。在說「不」時，孩子們可能會表現出反抗、暴怒、惱火、指責、消極、不悅、執拗或者抵觸，這些反應很正常，接受孩子會有的敵對反應是應付這些反應的第一步。而更為重要的是要理解孩子們為什麼會有這些反應。如果你能理解並且接受這一點，即引起反應實屬正常而且是成長與發展過程的必要組成部分，你才有可能消除自己的無益情緒，並且用理智現實的方式來管教孩子。

當你確信你想說「不」時，卻又不希望使矛盾激化，你可以學習使用

讓孩子更能接受的方式並且減少孩子的頑固反抗行為。儘管孩子偶而仍會有惱怒的反應，但是如果規定與約束明確且合理，你自己也言行一致，而且孩子知道你說話算數時，那麼令人吃驚的事情就會發生。孩子們會開始接受你的權威以及管教而且極少會發脾氣。

最後，以下附上用有效方式說「不」的十條建議：

一、不要頻繁的使用「不」。

二、讓孩子們自己做出一些決定。

三、進行說服教育。

四、重新看待問題。

五、講出說「不」的理由。

六、提出規定。

七、讓孩子知道你對成熟的、負責任的行為的期望。

八、當說「不」時表示出遺憾與同情。

九、告訴孩子你現在說「不」，是為了以後說「好」。

十、採用幽默的手段。

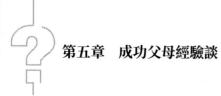

第五章　成功父母經驗談

第六章　棘手問題專家談

性教育問題

　　五歲的孩子脫光衣服抱在一起，十二歲的小學生懷孕流產，十五歲的國中生書包裡放保險套……這樣的事情發生一件兩件是新聞，當少女懷孕的發生率以每年百分之六十八的速度遞增，在全國每年一百多萬例的人工流產總數中，未成年人占了其中的四分之一而引起學校、家長、社會的廣泛關注時，「未成年人性教育」就變成不得不談的一個話題了。

　　一方面是未成年人的好奇心和「性早熟」等原因導致未成年性行為越來越常見、性健康現狀堪憂、少女懷孕率增長明顯；另一方面傳統教育一直把性拒於課堂之外，家庭教育囿於傳統文化的影響，也常對此諱莫如深，這使得性教育基礎薄弱、方法落後、機制單一、效果不明顯的問題客觀存在。

　　高中的一個班級在上體育課的時候，有一位女同學突然倒在了操場上……後來，校醫趕到，發現這個女生竟產下一個早產的小孩。而這件事情發生之前，她從未向任何人提起自己懷孕的事，家長不知道，學校也不知道，就連天天在一起的同學也沒有察覺。

　　高中學生生孩子的事情，在另一所高中也有發生。那還是很不錯的一所學校的學生，因為她很胖，所以懷孕許久沒被發現，後來生下小孩，人們這才發現大事不好。這裡不是要談哪所學校的學生生小孩的問題，當務之急是如何杜絕這類事情的發生。

　　國中生的課程中已有了一點生理衛生的知識，現在的情況是加強「性知識」的教育已經成為新的課題。性醫學科研究人員認為，從國中起展開性知識的教育很有必要，他甚至談到了對國中生談避孕的敏感話題。

　　以前文提到的兩個高中生生小孩的事件為例，可以想見，當這兩個學

生身上懷了孩子時，心理壓力有多大，她們將經歷怎樣的心理磨難，她們的無助與絕望到了極點。孩子幾乎不可能在家長那裡得到性與生育的啟蒙與忠告。如果在老師和學校那裡得到溝通，這種茫然與絕望釀成的慘劇就不會發生。幾年前，就曾有一個高中生已接到了大學錄取通知書，但因自己已經懷孕而無法向家人交待，最後自殺了。

　　未成年的性行為顯然是不對的，但在電影電視等傳媒的許多鏡頭裡，對性的渲染與誇大，對孩子的影響無疑是重大的。目前的情況是學校的性教育落後於社會的性渲染和誇大。所以，現代的人們在討論這個問題時，不要停留在道德與不好意思的層面上，要更多的想一想保護孩子才是最重要的。

　　現代社會是一個高度發達的社會，隨著科學技術的發展，一些不健康的思想、傳媒（如黃色網站，宣傳暴力、色情的電視劇，黃色書刊）也如毒蛇一樣向青少年襲來。面對外面花花綠綠的世界，面對西方性開放思潮的衝擊，面對一些不健康書籍的侵入，我們的青少年應該怎樣對待呢？

　　讓我們來看下面的問卷調查情況：

　　一、父母是否向你講過性知識：

　　有（白分之九）；沒有（百分之九十一）。

　　二、有無閱讀一些有關性知識的書籍：

　　有（百分之四十五）；沒有（百分之五十五）。

　　三、如何處理青春期的生理衛生：

　　害怕（百分之六）；不知道（百分之九十一）；其他（百分之三）。

　　四、談到「性」時的反應：

　　不談（百分之三十五）；害羞（百分之十二）；其他（百分之

第六章　棘手問題專家談

五十三)。

五、老師是否跟你講過性知識：

有（百分之二十一）；沒有（百分之七十九）。

六、與異性同學交流時是否會恐慌：

會（百分之二十）；不會（百分之八十）。

七、與異性同學的交際情況：

很少（百分之三十四）；頻繁（百分之五十六）；其他（百分之十）。

八、對實行性教育的態度：

必要（百分之五十八）；不必要（百分之十六）；不知道（百分之二十六）。

九、你有沒有過早戀愛的現象：

有（百分之二十六）；沒有（百分之六十九）；其他（百分之五）。

對調查結果的分析：

(一)同學們不大重視性知識，覺得它並不重要，甚至認為這方面的知識是多餘的，根本就沒有必要去了解。

(二)當有的同學想了解這方面知識時，礙於面子，會覺得難以開口向老師、同學、家長請教，或者怕被別人嘲笑，說自己思想不健康。

(三)學校很少開設性教育課程，只是在上健康教育課時有介紹，但是在上健康教育課時又會出現學生緊張、老師尷尬的現象：有的學生像是老師強迫他們學習一樣，坐在教室裡低著頭，眼睛從來不敢看老師，只顧著翻自己手上的書；有的同學不敢說話，並不時的與自己的同學對視偷笑，教室裡的氣氛非常微妙。

（四）有的老師上性教育課也會緊張或害羞，對性話題「非常過敏」，不敢回答學生提出的問題。

（五）家長不重視。許多家長對孩子進行教育的觀念是過度傳統的，當孩子閱讀有關性知識的書籍時，便認為會影響學習或者認為會影響孩子的健康成長。這些家長的做法是不正確的。對孩子進行性資訊封鎖，不僅從生理上有害於他們，而且也會使他們產生更多好奇，反而促使他們從一些非正規管道了解性資訊，嘗試一些不應該有的性行為，甚至有的還會構成性犯罪。

一位心理醫生說：「在國中生中普及性知識，我認為很有必要。甚至明白一點講，普及避孕知識，也很有必要。現在的電視電影太厲害了，孩子小小年歲就什麼都見過了，什麼都敢想，也什麼都敢做。一旦出了麻煩，可怎麼得了。遮遮掩掩，不如面對現實。」心理教育學家也認為，家長對孩子的性教育，應該呈開放態度，從實際的效果來看，效果會更好。新加坡的一位性教育專家認為，在孩子還沒有形成男女羞澀時進行性教育，是進行性教育最好的時期。

專家認為，對於國中生的性教育，重點應在性道德教育方面，應教育他們學會男女之間的正確交往，使之符合社會的道德規範和行為準則的內容，要正確處理少男少女之間的情感，培養他們的健康人格。

男女平等、尊重女性是性道德的基本要求。男女之間的差異是客觀存在的，主要表現在生理和心理上，在智力和才能上的任何重男輕女的思想都是沒有根據的。對待女性的態度是衡量一個男子修養的尺度，我們應該樹立尊重女性的良好社會風尚。

要自尊自愛，使國中生男女之間保持正常的交際。男女授受不親的觀

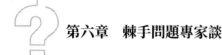

第六章　棘手問題專家談

念是陳腐的，將青少年男女隔開，限制他們的正常交往，使彼此的內心世界處於封閉狀態，這是對青少年純潔心靈的玷汙和對人性的扭曲。對於少男少女間的交往和戀愛，相當多的國家都持開放的態度，其性教育的重點主要是放在生理保健和道德教育方面。在男女學生交往當中，要教育他們不僅自尊自愛，而且要互相尊重。異性間的交往有別於同性，尤其在交往的時間、地點、方式的透明度上要符合國家的風俗習慣與民族特點，將雙方的交往限制在同學式的友誼水準。一旦感到有超越友誼的情感時，不要輕易流露，要有遠大抱負，多想想未來社會對年輕人的要求，想想目前自身的各方面均不具備真正戀愛的條件，無力承擔由此而產生的種種責任等。夏天的事情，不要春天裡去做。

尤其在當今社會性資訊氾濫的情況下，要教育中學生明辨西方社會的「性自由」、「性解放」的弊端，充分認識這種思潮給當今社會帶來的嚴重的社會問題，如婚外性行為、未婚媽媽和非婚生子女以及性病氾濫的嚴重現象等。把男女交往視為罪孽，宣揚禁慾主義固然是腐朽的觀念，但把性生活視為人生享樂的最高形式，妄圖使人類的性活動擺脫法律的約束和道德的規範，同樣是錯誤的。與此同時還應進行破除性神秘觀念和所謂貞操觀念的教育。破除性神秘的根本方法就是進行性教育，大力普及性知識。

【相關案例】

怎樣與孩子談性

美國著名的性治療專家皮爾薩博士遇到過不少在性教育上倍感困惑的父母。他說，有性的愛和性教育的規則其實很簡單，他列出了以下幾條規則：

一、永遠不要正式「談性」，鄭重其事的談性註定是要失敗的。應該

找機會多談談跟性有關的問題。電視節目、電影、報紙上的新聞、雜誌上的文章，每天找上幾十件跟性有關的問題並不困難。皮爾薩提醒道，實施「機會教育」，重要的是一針見血，而不是長篇大論的演講。

二、性教育不一定是同一性別的事情。孩子有了性的疑惑，如果是男孩，做媽媽的會說：「去跟你爸爸談談。」這種老套的觀念完全沒有必要。只要父母對性有正確的認識，母親可以跟兒子談，父親也可以跟女兒談。事實上，父母雙方在一起對子女進行性教育是最好的安排，因為在討論性和愛的時候，父母雙親是愛和被愛的身邊最親近的典範。

三、性和愛的教育首先應該強調的是「能做什麼？」不要老是在孩子面前強調「不能做什麼。」父母若是開出一張在性行為方面不能做什麼的清單，孩子反倒產生「聽上去很有趣味，我為什麼不去試一試」的感覺。在你說出能做的事情（如握手、擁抱或親吻）時，必須同時說出下列兩種不能做的事情：「成年以前不能性交」和「永遠不能傷害另一個人」。

四、父母雙親同時施教性和愛的教育最大的危險是父母雙親在性道德和性思想方面產生分歧。要知道，孩子往往是最善於利用父母不同意見的「專家」。他們總是有辦法為想做或不能做的事情取得父親或母親的支持。如果夫妻兩人的意見不一致，就很難使孩子受到良好的教育。

五、性和愛的教育不是一生只有一次的教育，不要指望進行一次性教育就能使孩子終身免疫。

人進入青春期以後，在生理上已開始具備了成人的體態形貌和生殖能力，然而在心理上和社會方面卻因為要學習複雜的文化，推遲了接近成人的地位。兩性相吸是自然屬性，而人類兩性的結合是一種社會性行為。然而從性萌發到性成熟以至合法婚姻的建立，必須經過一個相當長的過程，

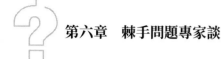

即性慾延緩滿足的過程，這個過程則需要進行性的健康培養。

　　首先要建設一個合適的性文化學習環境，創造一個健康的、寬鬆的男女交流環境。事實證明，男女孩子之間缺乏正常的交際的話，將會進一步強化他們對異性的神秘感和好奇心。在學校和社會舉辦男女學生共同參加的豐富多彩的活動，從客觀上為中學生們提供了一個正常的交流機會。這樣，他們可以逐步認識到男女之間的正常交流是社會交際和社會適應的重要組成部分，從而可以破除那種男女交往必然發展到性交的錯誤觀念，使得男女交流一開始就避免出現性敏感等異常心理。異性交往是中學生心理健康發育的需要，是培養學生友好相處的需要，其好處很多：增加對異性的了解，獲得安全感和穩定感；性格變得活潑開朗；會對什麼事都感到美好；學會自尊和尊重身邊的人；舉止行為必須符合自己的性身分；學習克制不應該流露的情感；學會無話不談，得到新的資訊；這樣一來，在困難挫折面前會得到幫助和力量；學習上能互相幫助，變得更加聰明；也能傾聽到在同性夥伴中聽不到的事情和意見；更能掌握社交的技巧等等。

　　其次，提高性器官的感覺刺激閾值。從人的感官刺激來說，同樣一件事，在不同人的身上反映可以是不同的。例如一幅逼真的少女彩色裸體畫，對於有藝術素養的人來說，它是一件很美的藝術品；而對於沒有這種藝術素養的人或許會浮想聯翩。形成這種差別的原因就是視覺刺激與性慾之間的臨界值問題，前者是「見怪不怪」，後者是「少見多怪」。對於青春期少年，在理解的前提下，進行包括性生理、性心理、性衛生和性道德的教育，可以使他們經過自身的努力而養成一種良好的適應能力和性抑制能力。這樣，可以在兩性吸引和性慾衝動時，或者在偶然誘因的影響下，防止出現越軌行為。

第三，要明確權利和責任的關係。青春期中學生正處於性意識覺醒、性機能成熟的階段，他們對社會的認識還是模糊的。誠然，任何一個性成熟的人，都有滿足性慾的權利，但往往有一些人卻忘記了社會和家庭的責任。少女的性行為意味著要做一個妻子和母親，少男的性行為意味著要做一個丈夫和父親。事實上，國高中學生們是承擔不了這些義務和責任的。這種「有孩子的孩子」的身分，無疑會嚴重妨礙中學生的身心健康。因此，必須引導國高中學生們運用意志和調節的作用，克制性慾和延緩性慾的滿足。

第四，要不斷昇華性的觀念。人的感情不同於別的東西，用壓制、禁止等方法都是無濟於事的。昇華學說在佛洛伊德精神分析中占有顯著的地位。它是指被壓抑於無意識中的性本能衝動，轉向社會所許可的或所要求的各種活動中去求得變相的、象徵性的滿足。昇華作用經實踐證明是積極有效的。若一個學校、班級的學習風氣濃厚，藝文體育活動豐富，男女同學友愛，他們旺盛的精力得到有益的釋放，聰明才智得以充分發揮，學生們的身心就能得到健康發展。一個學生，如果他的生活充實，成才意識強烈，興趣廣泛的話，性興趣就自然而然的被分散或轉移到成才、嚮往的興趣上去了；初戀的幼芽在他的心靈深處雖有萌動，但不會占有多大的位置，甚至連他自己可能也很少察覺。我們要幫助未成年學生們，指導他們掌握住青春的閘門、學會適時且適當的表達愛的情感。如果不能昇華性的觀念，把性僅僅看作是性慾的滿足，就會使自己從人類退化到動物的階段，這顯然是對人類精神文明發展的一種倒退。

如何處理孩子手淫

一個六歲孩子的母親說：「兒子撫摸自己身體的時候，我不知道該不

該管。我真希望他沒有這種壞毛病，但又不想讓他誤認為『性』是件壞的事情。」

手淫（或刺激生殖器）是許多家長不願談及的話題。有些人記得小時候被告知手淫會導致失明或精神病，他們不想這樣教育孩子。同時，他們很明白在性萌動期與其他發育期一樣需要給孩子們一些限制。

以下建議，僅供參考：

許多孩子在嬰幼兒時期喜歡觸摸自己的生殖器，他們想知道自己的身體結構，這種好奇心很正常。為了讓孩子不至於上癮，家長可以分散他們的注意力。家長應經常告訴學齡前的兒童，當旁邊有人時，觸摸自己的身體很不禮貌（別人會很尷尬喔）。

青春期由於性機能趨向成熟而產生了性的慾望，這是青春期發育中的正常現象；但是，人類性本能的實現和滿足，一定程度上要受到社會道德規範和法制的約束。因此，人們常常用各種自慰性的行為去緩解性的慾望，如手淫就是其中之一。中學生手淫雖然不能說是一種正常滿足性衝動的方式，但是絕不能認為這些是孩子道德敗壞或是生理不正常的表現。中學生忍受著性生理的衝擊，沒有正當發洩的途徑，所以採用手淫來緩和性生理衝擊，是可以理解的。研究表明：男孩首次遺精的方式一是夢遺，二是手淫，而手淫是主要方式。手淫，少男少女都會有，而以男孩更常見。

手淫出現，家長不要大驚小怪，也不要給孩子施加壓力，造成孩子沉重的罪惡感、自責感，這樣會對他長大成人戀愛結婚帶來難以驅除的陰影。偶爾為之的自慰行為，家長不宜過多責備，需要給予疏導，轉移孩子的興趣，昇華他的精神境界，把興趣分散到課餘愛好、體育鍛鍊等其他方面去。

網路問題

有人說：「如果愛你的孩子，就教會他上網，因為那裡有天堂；如果恨你的孩子，就放任他上網，因為那裡有地獄。」的確，網路猶如一塊神奇的土地，深深吸引著青少年的眼球。網路又是把雙刃劍，在帶來種種便利和好處的同時，也帶來許多負面影響。

目前全球二億多網路使用者中，約有一千一百四十萬人患有某種形式的網路心理障礙，約占網路使用者人數的百分之六左右。這部分人在網上的虛擬體驗中逐漸形成了一種對網路的心理依賴，隨著每次上網時間的不斷延長，這種依賴越來越強烈。這種不自主的強迫性現象已被稱為「網路成癮綜合症」，醫學上又稱之為「病態性使用網際網路」。這種心理上的疾病因其特殊的危害性，已成為國際臨床心理學界公認的新的一種心理障礙。

這種新型的心理疾病主要是由於過度使用網際網路，使自身的社會功能、工作、學習和生活等方面受到嚴重的影響和損害。從心理上來講，主要表現在對網路有依賴性和耐受性，也就是所謂的上網成癮，患病者只有透過長時間的上網才能激起興奮來滿足某種慾望；從生理角度來看，這類疾病，對人的健康危害甚大，尤其對人體的自律神經功能，使其產生嚴重紊亂。比如失眠、緊張性頭痛等；同時還可使人情緒急躁、憂鬱和食慾不振，長時間如此會造成人體免疫機能下降。長時間的上網還會使人不願與外界交往，行為孤僻怪誕，喪失了正常的人際關係。

其中，青少年網路成癮症的問題最為突出。根據師範大學心理系最近完成的調查顯示，青少年網路成癮症的發病率已經高達百分之十五以上。

這主要是因為青少年正處於成長、發育階段，自我控制能力較差，心

第六章　棘手問題專家談

理不夠成熟，社會經驗不足，網路熱情又高，他們很容易被神秘而富於刺激的網路世界所吸引而沉迷於網路。可以說，青少年面對著比過去更為複雜的環境，受外界誘惑和不良影響的可能性大大增加；而他們很多都是獨生子女，和同齡人的交流、溝通相對缺乏，往往求助於其他方式來滿足自己的心理和精神需要，致使外界不良影響大有可乘之機。

上網成癮的危害很大，英國諾丁漢大學心理學博士認為：「過分迷戀上網有損身心健康，嚴重的會導致心理變態，危害程度不亞於酗酒或吸毒。」青少年時期，是人一生中身心發育、人格塑造、價值觀念形成的關鍵期，這時產生的心理問題可能會影響人的一生，導致成年後人格障礙或人格缺陷，引發性格上的孤僻、怪異和暴躁等。此外，根據多年來專門研究電腦遊戲與未成年人教育問題的師範大學教授指出，電腦遊戲容易使青少年產生上癮的心理疾病，在玩遊戲的青少年中有百分之十四點八對玩遊戲上癮。長期沉迷於電腦遊戲，不僅會遏制兒童大腦的正常發育，而且特別影響兒童的早、中期智力開發。

專家認為，長期沉迷於網路而很容易引發孤獨憂鬱、網戀、遊戲成癮症、色情成癮症，嚴重者還可能出現自殘意識和自殘行為。

我們來看一位大學生的作息時間表：下午一點，起床吃中餐；下午兩點，去網咖玩網路遊戲；下午午點，晚餐在網咖叫外賣；通宵練級，第二天早上回宿舍休息。

這位大學生幾乎把所有的空閒時間都拿來打遊戲並開始拒絕參加同學聚會和活動。大約兩個月之後，他發現自己思維跟不上同學的節奏，腦子裡想的都是遊戲裡發生的事，遇到事情會首先用遊戲中的規則來考慮。他開始感到不適應現實生活，陷入了深深的焦慮之中。

　　目前有不少年輕人像這位大學生一樣，長時間沉迷於網路遊戲後，發現自己身心上出現了這樣或那樣的問題。據統計，目前世界上排行第一名的線上遊戲玩家人數已超過十億人，其中相當一部分是二十歲左右的年輕人。

　　網路遊戲成癮引起的社會問題已經出現。屏東一名十六歲少年沉迷網路遊戲，竟半夜持刀砍傷母親，搶走兩萬元；另一名十四歲少年因網路遊戲過度入迷而產生幻覺，從四樓跌落身亡。

　　還有一名十七歲的高三學生，連續蹺課上網二個月，在玩網路遊戲時，因緊張激動在網咖倒地猝死；一名十四歲的少年為了籌錢上網，夥同兩名同伴用磚頭砸傷相依為命的奶奶搶錢；兩名高中生因與網咖服務生發生糾紛，縱火將網咖燒毀，造成二十五人死亡、多人受傷……諸多因青少年上網引發的犯罪事件不斷出現在新聞媒體的報導中，令人觸目驚心。

　　這些案件的發生不禁令人們產生疑惑：現在的青少年怎麼了？為什麼如此迷戀上網？還該不該讓他們上網？我們來看一看專家的說法。

　　一直對青少年上網問題很關注的一名專家認為，現在的青少年很多都是獨生子女，在家比較孤獨，而且正處於青春發育期，生理、心理上的變化，使他們渴望交友、交流，希望被理解、受重視，但由於受到傳統觀念、教育體制等方面原因的制約，他們與父母、老師、同學間的交流不是十分通暢，而上網聊天可以隱匿身分，進行一種相對真實的交流，可以宣洩自己內心真實的快樂、煩惱、孤獨、痛苦，而且在網上還可根據自己的喜好扮演一個自己滿意的角色，彌補在現實生活中的缺憾，獲得平等、自由、滿足感。

　　青少年精力充沛，好奇心強，喜歡冒險，愛尋求刺激，渴望了解書本

以外的各種知識和校園以外的多彩世界，而上網恰恰能滿足這種需求，網路上資訊豐富、圖文並茂，網路遊戲精彩的畫面、虛幻的情節、行俠仗義的主人公尤其令青少年迷戀。

另外，由於當前家庭教育、學校教育側重學業成績，青少年的學業負擔和心理壓力比較重，網路極易成為許多青少年逃避負擔和壓力的「避難所」。有不少青少年陷入虛擬的世界裡不能自拔，甚至染上「網路成癮症」。

某心理治療中心的主任接受過不少上網成癮者的心理諮詢，並對他們進行了成功的心理治療。主任分析說，導致青少年上網成癮，甚至引發違法犯罪活動的原因是他們在虛擬世界與現實生活的轉換中出了問題，虛擬世界與現實生活發生了衝突，無法回到現實生活中來，虛擬網路中的唯美世界在現實生活中被打得支離破碎，使他們無法接受，從而沉迷在網路中不能自拔。根據臨床病例，治療中心主任認為在現實生活中找不到成功體驗、沒有受尊重感和安全感的青少年容易出現上網成癮，尤其是家庭不和睦、缺少父愛和母愛者，主要包括以下幾種人：（一）在人際交往上有障礙的；（二）在現實生活中受挫、無法排解的；（三）有特殊不良嗜好、容易從一種依賴走向另一種依賴的；（四）身心雖健康，但精神頹廢、沒有追求的。

迷戀上網不一定就是染上「網路成癮」，一般情況下，如果青少年每天花二到三小時上網，只要他同時能不耽誤學業，成績良好，能夠與父母、老師、同學正常溝通、交流，就不算是染上「網路成癮」。

如果出現下列三種情況，就是染上「網路成癮」：

一、上網花的時間越來越多，而且即使花很多時間仍感到不滿足，整

天都想著上網。

二、社交生活和學校生活都受到影響，成績一落千丈。社交生活是指與家庭成員及親戚朋友的交往，學校生活是指和同學、老師們的溝通聯繫。

三、睡眠和飲食習慣改變，情緒也容易發生大起伏，動不動就大動肝火、發脾氣。

任何事物都有其兩面性，青少年上網也有利有弊。

隨著知識經濟的迅猛發展，網際網路已成為當今社會的一大主題。如今，網路不僅是一種時尚和潮流的象徵，更是一個國家整體科技水準甚至綜合國力的集中體現。百分之八十五以上是三十五歲以下的青少年群體。

社會科學研究所的有關學者對五個縣市的青少年運用網路的情況進行了調查，從調查情況來看，青少年使用者上網的目的分為實用、娛樂、網路技術使用和查找資訊。超過百分之五十的使用率所使用的功能為網路遊戲（百分之六十二）和社群通訊軟體與網站（百分之五十四點五），其次是使用電子郵件（百分之四十八點六）。青少年對網際網路的需求主要是「獲知新聞」、「滿足個人愛好」、「提高學習效率」、「研究有興趣的問題」以及「結交新朋友」。從以上資料可以得出，網際網路已經成為青少年了解外面世界的一個主要視窗。

青少年網路協會的有關負責人認為網際網路對青少年的正面影響主要表現在以下幾個方面：

第一，網際網路為青少年提供了求知和學習的廣闊校園。在網際網路上的虛擬學校中上課，目前已成為國內盛行的一種新穎的教育模式。青少年不僅可以透過網際網路及時了解學校的情況，而且還可以直接選課學習

第六章　棘手問題專家談

課程，和學校的老師進行直接交流，解答疑難、獲取知識。諸多的網上學校的陸續建立，為青少年的求知和學習提供了良好的途徑和廣闊的空間。

第二，網際網路為青少年獲得各種資訊提供了新的管道。獲取資訊是青少年上網的第一目的。當前青少年的關注點十分廣泛，傳統媒體已無法及時滿足青少年這麼多的興趣點，網際網路資訊容量大的特點最大程度的滿足了青少年的需求，為青少年提供了最為豐富的資訊資源。現在，網際網路正在成為青少年獲取種種資訊的最佳來源。

第三，網際網路有助於拓寬青少年的思路和視野，加強青少年之間的交流和溝通，增強青少年的社會參與度，開發青少年內在的潛能。由於網際網路的包容性，使上網的青少年處於和現實生活完全不同的環境中，在思考的過程中，青少年不僅鍛鍊了自己獨立思考問題的能力，而且也提高了自己對事物的分析力和判斷力；網路的互動性使青少年可以透過網上聊天室或者是通訊軟體等方式廣交朋友，參與社會問題的討論，發表觀點見解；而網路的無邊無際也會極大的激發青少年的好奇心和求知慾，使其潛質和潛能能有效的被開發出來。

第四，網際網路有助於青少年不斷提高自身技能。美國的一些專家學者將電腦技能作為未來成功青年所必須掌握的五項基本技能之一，因為在網際網路上，我們幾乎可以找到涉及人類生活所有方面的各類資訊，對能夠熟練使用電腦的青少年來說是取之不盡、用之不竭、學之不完的知識寶庫。

但網際網路這把雙刃劍，也有傷人的一面：

第一，網際網路對青少年的人生觀、價值觀和世界觀形成的構成潛在威脅。網際網路是一張無邊無際的「網」，內容雖豐富卻龐雜，良莠不

齊，青少年在網際網路上頻繁接觸西方國家的宣傳論調、文化思想等，與他們頭腦中沉澱的傳統文化觀念形成衝突，使青少年的價值觀產生傾斜，甚至盲從。長此以往，對於青少年的人生觀和意識形態必將起一種潛移默化的作用，對於國家的政治安定顯然是一種潛在的巨大威脅。

第二，網際網路中的不良資訊和網路犯罪對青少年的身心健康和安全構成危害和威脅。當前，網路對青少年的危害主要集中到兩點，一是某些人實施諸如詐騙或性侵害之類的犯罪；另一方面就是黃色垃圾資訊對青少年的危害。根據有關專家調查，網際網路上非學術性資訊中，有百分之四十七與色情有關，網路使色情內容更容易傳播。根據不完全統計，百分之六十的青少年雖然是在無意中接觸到網上黃色資訊的，但自制力較弱的青少年往往出於好奇或衝動而進一步尋找類似資訊，從而深陷其中。調查還顯示，在接觸過網路上色情內容的青少年中，有百分之九十以上有性犯罪行為或動機。

第三，網際網路使許多青少年沉溺於網路虛擬世界，脫離了現實，也使得一些青少年荒廢學業。與現實的社會生活不同，青少年在網上面對的是一個虛擬的世界，它不僅滿足了青少年盡快占有各種資訊的需要，也給人際交往留下了廣闊的想像空間，而且不必承擔現實生活中的壓力和責任。虛擬世界的這些特點，使得不少青少年寧可整日沉溺於虛幻的環境中而不願面對現實生活。而無限制的泡在網上將對日常學習、生活產生很大的影響，嚴重的甚至會荒廢學業。

那麼，家長應該怎樣看待與處理孩子上網的問題呢？專家建議應該採取正確引導和積極預防的方法。

一、應該積極參與孩子的上網，加強個人對網際網路的認識。不要認

197

為學電腦、上網是青少年的事，自己笨手笨腳的，學了也沒用。

　　二、要多和孩子溝通，了解孩子上網的情況，平時留心觀察孩子的情緒變化以及學習情況。

　　三、不要讓孩子去條件差、管理不善的網咖上網。因為這些網咖不僅存在各種安全隱患，而且對孩子上網沒有監控，任他們在網上亂逛。最好買臺電腦，讓孩子在家上網。

　　四、對網上色情和暴力內容的防範，主要應靠家長平時對孩子進行正確的道德觀念的培養，讓他們明辨是非，提高抵禦網上不良資訊的能力。

　　五、對孩子的上網時間要有所限制，每天上網時間最好不超過二小時，且在操作一小時後休息十五分鐘左右。要求孩子每次上網最好制定計畫，提高目的性。

　　六、有目的的收集一些健康向上的青少年網站的網址，推薦給孩子，減少孩子上網的盲目性。

　　如果您的孩子已經患上了「網路成癮」，下面這些方法也許可以幫助您。

　　一、透過諮詢使他明確認識到，現在之所以能夠玩電腦，是因為已經學會了基本的電腦操作的知識。為了更好的掌握知識，學習是不能放棄的。應學會自我調整和自我約束的能力。把學習的重要性放在玩網路遊戲的前面。

　　二、催眠治療。在潛意識狀態下，透過擺錘向潛意識提問「我為什麼要玩網路遊戲？」(學習緊張，消除疲勞的話，順時針轉；新奇和探索的話，逆時針轉；不知道原因，左右轉；不願意回答，上下轉)來更好的了解其內心世界，洞察他的心理活動。使之與

催眠師保持密切的關係並能較好的執行催眠師的指令,從潛意識層面改變他的不良行為表現。

(一)在催眠狀態下使其認識到,上網花費了很多的時間、精力、金錢,但僅僅得到了情緒上的滿足,而非得到了知識。這種在網路世界中的滿足和快樂是短暫的、虛幻的。另一方面自己的厭學行為,對家人的抵觸和對網路的過分沉迷已經逐漸使性格發生扭曲,嚴重影響了自己的前途,使自己不能更好的投入到學習中去,影響了自己的發展和成功。

(二)用厭惡的方法使他一想到上網就有頭痛頭昏疲勞的感覺,重複使用厭惡暗示,建立上網和不良體驗的條件反射,從而使他厭惡上網。

(三)行為的矯正。在催眠狀態下建立起良好的行為模式。

方法一:透過年齡倒退的方法使之回到行為表現較好的階段,充分體驗和感受曾經努力奮鬥取得成功的樂趣。

方法二:模仿班上優秀的同學的行為表現。認真學習,建立起趕上並超過他的信心。

方法三:建立起良好的自我實現的目標,並訂立具體的實施計畫。

(四)用擺錘的方法讓潛意識回答「今後該怎麼辦的問題?」(奮鬥做有用之人的話,順時針轉;不學習將一事無成話,逆時針轉;我不知道該向什麼方向努力,左右轉;不想回答這個問題,上下轉。)根據潛意識的回答再做進一步調整。

催眠的治療方法對矯正學生的不良學習行為方面有非常顯著的效果。同時家庭環境也應予以適當的配合,青少年的教育應以鼓勵和引導為主。

此外,政府和教育部門也應該努力做好以下工作:

一、要盡快建立健全有關法律機制,推出有關法規,採取有效措施,

最大可能的防止利用網路進行犯罪或傳播不健康資訊的行為和現象。

二、加強網際網路對青少年影響的研究工作，正確制定應對措施。

三、占領網路陣地，建立一批有品質、有水準、有特色，能夠吸引青少年的網站和網上教育基地。

四、加大力度，逐步實現現有青少年組織和權益保護機構的網路化。

五、在網上經常舉辦有利於青少年健康成長成才的活動，吸引青少年的積極參與，達到潛移默化的引導教育作用。

六、加大宣傳力度，使青少年認識到網際網路的負面影響，從而有效的減少和避免網際網路對青少年傷害，使其最大程度的發揮積極作用。

七、大力培養適應網路時代要求的青少年教育工作者。

【相關案例】

「網戀」的迷霧

根據調查，上網的人百分之六十以上發生過網戀。和網上異性聊天、發發貼圖、說點情話成了許多精力過剩的人樂此不疲的一件事。現實生活中的浪漫可遇不可求，網路中的浪漫卻如口香糖，吐掉一塊隨時可以再嚼一塊，而且是不同口味的。上至五十多歲的老爺爺，下至十二歲的小學生，「網戀」勢不可當！對青少年來說，網戀很時尚、很刺激，但是卻極容易給他們帶來久久難以癒合的傷害。

「網上交友」一方面能滿足青少年人際交往的需要，擴大他們的交往圈子，開拓視野，增長知識，但同時也應注意到這樣一個事實：網路在給我們提供許多便捷的資訊的同時，也存在許許多多的「垃圾」，它們會對

青少年產生心靈的毒害！因此，應設法讓孩子在結交網友時慎之又慎，要學會如何正確與網友交往。

國高中學生正處在青春期，這個時期的他們渴望友誼和交流，網上聊天給了他們傾訴的空間和對象。但是網路是虛擬的，因而給人以無窮無盡的想像，尤其是涉世未深的年輕女生，更充滿了浪漫美好的幻想，這就給了很多心懷叵測的網路騙子可趁之機。對於那些天真單純、涉世不深的國高中學生，特別是一些愛幻想、充滿了好奇心的女孩子來說，稍不留神，也許就會掉進網友設好的陷阱。比如一位網名叫梅子的女國中生被網友騙到住處強姦。梅子遭強暴後自殺未遂，罪犯被抓獲歸案。

那麼，應該怎樣引導孩子正確的對待自己的「網友」，處理好和「網友」的距離和關係呢？我們認為最重要的是多和孩子進行溝通交流，引導他想一想自己上網交友的初衷和目的，然後具體分析其目的，妥善應對。下面列舉幾種：

假如上網只是為了找人聊天，對感興趣的話題想知道他人的意見、看法，同時若對方也有與自己類似的想法的話，這時就可與對方只保持在網上的「約會」，隨時將感興趣的話題拋給「網友」，暢所欲言的進行交流，以滿足自己的交友需要。這種對待交「網友」的方式，某種程度上就是將網路視為互不相識的「友人」的化身。這時就完全可以選擇彼此不見面，只在網上交談的方式。

假如在網上遇到了還談得來的朋友，而且確實感覺到透過與對方的交流能給自己帶來益處、幫助的話，但又不願意打破這樣一種彼此的神秘感，願將它作為一份美好的東西存於心底，這時同樣可以選擇只在網上交流而不與他見面的方式，這也是未嘗不可的。留一份美好給自己，這樣不

也很好嗎？

　　假如在網上真的遇見志同道合的「網友」，經過一段時間的網上交流，確實感到有必要將其變為現實生活中活生生的朋友，對方同樣也有這樣的願望的話，在彼此時空條件都允許的前提下，不妨可以約在一個雙方都熟悉的公共場所見見面。這樣一來，既使得彼此之間消除了神秘感和各種猜測，而且也使得雙方有機會切實的了解對方，以決定自己以後是否還願意與對方繼續交流下去。

心理問題

　　人的精神心理猶如人的血液，人的體力體魄就如人的骨骼，沒有健康良好的精神心理，再怎麼健壯的體魄也只能是個無聲無氣的空架子，甚者有如害蟲。兒童是國家的未來、社會的寶貴財富，其健全的心理行為、良好的精神狀態，關係到兒童健康與否，關係到國家的未來。俄國文學家列夫‧托爾斯泰說：「研究一個國家的命脈，我通常研究他們的兒童，尤其是他們的精神面貌。」魯迅也說：「一個國家的競爭力，民族的素養，大致上取決於少年的綜合素養。」然而由於少子化家庭的影響，如今單親獨子的現象在社會上日益普遍，不少家庭把孩子視為「小皇帝」、「太上皇」，對孩子百般溺愛，百依百順，造成許多孩子養成「飯來張口，衣來伸手」的作風，個人自理能力非常差，意志十分薄弱；再加上隨著各種現代娛樂方式的廣泛普及，一些不健康的娛樂方式帶著兇殺、暴力、色情和拜金主義等大肆侵入青少年思想當中，對孩子的價值觀、人生觀、世界觀產生重大影響，一些少年兒童因無法擺正理想與現實、是非與美醜的界限而陷入一種無法自拔的矛盾狀態，產生憂愁、痛苦、失落、叛逆、墮落等思想行

為；加上一些與生俱來的生理問題，如好奇、好動、依戀、任性、怪僻和性變化等所謂的「成長的煩惱」一起襲來，壓抑在身，衍生了心理失衡，導致兒童「心理患者」（如心理問題、心理障礙、精神病等）越來越多，成為一大社會問題。

一般來說，兒童出現心理問題會在情緒、行為及生理方面出現異常變化，這些外在表現可以看作心理求助訊號。主要表現在三個方面，一是情緒表現：恐懼、焦慮、不願上學、容易生氣、有敵意、想輕生（認為活著沒有意思，有度日如年的感覺）、興趣減少或多變、情緒低落等。二是行為表現：離群獨處、不與同齡小朋友一起玩耍、沉默少語、少動、精神不集中、過分活躍、有暴力傾向、翹課、偷東西等。三是生理表現：頭部腹部疼痛、噁心、嘔吐、厭食或貪食、早醒、入睡困難、耳鳴、頻尿甚至全身不適，但身體檢查及實驗室檢查又沒有身體疾病。

專家指出，數千名患病兒童的心理行為諮詢與治療實踐證實，對於兒童的心理問題，如果不及時干預會引起嚴重的心理和精神障礙，影響兒童適應社會的能力、人際交往能力和學業成績，給家庭和社會帶來負擔。因此，家長要盡可能多的了解兒童心理特點及有關心理疾病的知識，並對孩子的智力水準、興趣愛好等有更全面的了解，還要根據孩子的氣質類型及特長、興趣因材施教。最重要的是對孩子的期望值應該適當。其次，對心理障礙有一個正確的認識。正視孩子存在的心理問題，及時向有關專家請教，盡早發現問題、解決問題。兒童心理健康教育應滲透在家庭生活的各個方面，滲透在學校教育工作的全過程中，對不同年齡的孩子提出不同的要求，把「學會認知、學會共同生活、學會做事、學會生存」作為對孩子的終身教育目標，讓孩子在生理、心理等方面均能健康成長。

第六章　棘手問題專家談

　　所謂心理健康是指具有正常的認知能力、適宜的情緒體驗、健全的人格、正確的自我意識及和諧的人際關係，是指個體心理在自身及環境條件許可範圍所能達到的最佳功能狀態，而不是指絕對的十全十美。

　　一個心理健康的孩子至少應該具備以下五個方面的特點：（一）有正常的智力，有求知慾；（二）能逐漸學會調控自己的情緒，保持樂觀向上的心境；（三）能學會與周圍人正常的交流，懂得分享與合作、尊重別人、樂於助人；（四）能自我接納，有自制力，能積極的面對生活中遇到的問題、困難，能適應環境；（五）具有良好的行為習慣和健全的人格。

　　關注孩子的心理健康，首先應了解孩子心理與行為的發展特點：

一、認知與思考：對周圍事情的了解與把握依靠具體的觀察資料而得來 —— 具體運用階段。

二、情緒與情感：情緒表達更加豐富，有各種不同性質而較能區別的情緒反應。懂得用不同的詞句去分別描述。對情感的反應仍保持著過去較幼小時的特點，即比較敏感，而且對心理壓力的接受力或承受能力較小，因此對微小的刺激會反映很大。其情感上的特點表現為：激動性、風暴性，而且容易以身體語言的方式或以行動來代替情感的表達。

三、言語與溝通：隨著認知能力的發展，思考方式的改變，增加了表達與溝通的能力。

四、動作與行為：從整個的生活方式來說，青年們的行為已經脫離幼小時的「遊戲」的味道，他們會逐漸表示要脫離父母或其他養育者的保護，希望能自己去做事，去採取行動，不想依賴成人太多。他們只喜歡跟他們同輩或朋友做群體的活動，不喜歡權威

者的參與及干涉。但是一旦遭遇困難，又容易退回來要父母來
幫忙，否則就不知所措。青少年的心理反應容易以衝動性的方
式來反應，所以也容易闖大禍，發生事故。

五、性的發展：青春期性方面的生理與心理發展是其最大特色之一，
　　是脫離孩童與少年的階段，準備進入成人的過渡期，對青少年
　　的心理與行為有很大的影響。

六、人際關係：隨著認知與判斷能力的增加，對父母的行為與作風開
　　始以批判性的態度對待，並且情感上企圖逐漸疏遠，以求得獨
　　立，這可說是養育青少年子女的困難與危機。這是年輕人認知
　　能力在增長的現象，也是學習獨立自主的發展情況。

七、自我認識與信心：所謂「自我認識」指的是一個人對自己的認識，
　　感到自己是怎麼樣的人，在別人的眼裡究竟如何。雖然每個人
　　從孩童時期就會開始有自我認識感，但是到了青少年階段，自
　　我認識感變得特別敏感且強烈，特別關心自己的外貌、行為、
　　性別、性格各方面的表現，也會注意自己的成績表現是否被同
　　學喜歡等問題。總之，青少年們都是這樣靠別人的反應與評語
　　而逐漸了解與體會自己是怎樣的一個人，建立對自己的信心，
　　形成自己的性格的一部分。

　　心理學家經過長期研究認為，兒童時期是培養健康心理的黃金時代，
各種習慣和行為模式，都在這時奠定基礎，如果有一個好的開始，將來可
使孩子們的品德智力得到健康的發展；如果在此時忽略了孩子的心理衛
生，那麼，希望孩子成人後有健全的人格和健康的心理，就比較困難，甚
至是不太可能的了。

第六章　棘手問題專家談

所以，作為父母應十分重視用正確的心理原則來訓練兒童。那麼，我們應該注意些什麼呢？

一、注意不要過分的關心孩子

這樣做容易使孩子過度的以自我為中心，認為人人都應該尊重他，結果成為自高自大的人。

二、不要太親近孩子

應該鼓勵孩子與同年齡人一起生活、學習、玩耍，這樣才能學會與人相處的方法。

三、不要賄賂孩子

要讓孩子從小知道權利與義務的關係，不盡義務則不能享受權利。

四、不要過分的誇獎孩子

孩子做事取得了成績，略表讚許即可，過分誇獎會使孩子沾染沽名釣譽的不良心理。

五、不要對孩子太嚴厲、苛求甚至打罵

這樣會使孩子養成自卑、膽怯、逃避等不健康心理，或導致反抗、殘暴、說謊離家出走等異常行為。

六、不要欺騙和無謂的恐嚇孩子

嚇唬欺騙孩子會喪失父母在孩子心目中的權威性，以後的一切告誡，孩子就不會服從了。

七、不要勉強孩子做一些不能勝任的事情

孩子的自信心多半是由做事成功而來的，強迫他們做力所不能及的事情，只會打擊他們的自信心。

八、不要在他人面前當眾批評或嘲笑孩子

這會造成孩子懷恨和害羞的心理，大大損害孩子的自尊心。

九、不要對孩子喜怒無常

這樣會使孩子敏感多疑，情緒不穩，膽小畏縮。

十、要幫助孩子去分析他所處的環境

幫助孩子解決困難，而不是代替他們解決困難。應教會孩子分析問題、解決問題的方法。

除此之外，父母還要與孩子共同努力：

一、父母要向孩子學習，並成為孩子心聲的忠實傾聽者。

二、父母的成功社會形象是孩子的榜樣，這便是真正的以身作則，家教盡在「不言」中；對孩子說話要幽默、精練、「含金量」高，使孩子心悅誠服。

三、家教的成功體現在父母能夠與孩子進行良好的溝通，不必企圖改變和強行塑造孩子，而在於能夠進行交流和協商，遵循順其自然的原則。

四、必須理解和尊重孩子，保護兒童合法權益。

五、「愛護孩子的天性、發現孩子的特性、促進孩子的個性」是父母的天職。家教目的是實現孩子的獨立，父母千萬不要成為孩子

走向獨立的絆腳石。

六、所謂「家教」，其實是「教家」。父母不斷學習新知識，以解決家教中面臨的實際問題，以完成培育孩子的偉大事業及社會責任；孩子幫助我們做個稱職父母，使我們的人生更完美成熟、更燦爛輝煌。

【相關案例】

情商教育

根據對四到十六歲少年兒童的心理健康調查表明，少年心理和行為問題發生率高達百分之十三點九，百分之七十一的學生缺乏毅力，百分之六十七的學生難以承受失敗。這項調查顯示出情商教育的缺失。從曾經多次發生的中小學生離家出走、自殺等現象也可以看出，輕視子女的情商培養，往往會釀成悲劇。

而在日本，據一位留學歸來的女士說，日本人對待孩子，從小就注重能力的培養：剛學會走路的孩子跌倒了要自己爬起來，大人不去扶；三歲的孩子自己穿衣服；四歲多孩子的生活已基本懂得自理；五到六歲的孩子除了自己管理自己外，還得做家務。孩子有小病盡量不吃藥打針，要訓練與病魔抗爭。日本人全家外出旅行，小孩都要背自己的小包，裝自己的東西。上學以後，許多學生都在課餘時間打工。在許多孤島或森林裡，人們常常可以看見日本小學生、中學生的身影，他們在沒有老師帶領的情況下，面對著既無電源又沒淡水的可怕自然界，安營搭帳棚，尋覓野果，尋找水源，自己想辦法營救自己。

在德國，為培養孩子獨立生活的能力，更有法律規定：六到十歲的孩子要幫父母洗餐具，收拾房間，到商店買東西；十到十四歲的孩子要在花

園裡勞動，洗餐具，幫全家人擦皮鞋；十四到十六歲的孩子要擦汽車和整理花園；十六到十八歲的孩子，要完成每週一次的房間大掃除。

美國前總統雷根，在他八歲那年，有一次踢足球時不小心打碎了鄰居家的玻璃。鄰居向他索賠一百二十五美元。在當時這是一筆不小的數目，闖了大禍的他只好向父親承認了錯誤。父親拿出一百二十五美元，說：「這錢可以借給你，但一年後要還我。」從此，他開始了艱苦的打工生活，經過半年的努力，終於存夠了這筆「鉅款」，還給了父親。透過自己的勞動來承擔過失，不僅讓他懂得了什麼叫責任，更讓他獲得走上總統寶座的能力。

再對比一下我們的父母和孩子，不難發現差距在哪裡。有位母親因為孩子第一次學綁鞋帶打了個死結，便從此不再給他買有鞋帶的鞋子；孩子第一次洗碗時弄溼了衣服，便不再讓他走近洗碗槽；孩子第一次鋪床，母親嫌他笨手笨腳；直到孩子大學畢業，這位母親還動用自己的關係和權力，為孩子找工作……

更有甚者，有些父母竟甘願作孩子的「書童」，成為「陪讀一族」。臺北藝術大學音樂學院附近的幾條街道裡，就曾住著幾對這樣的父母和他們的孩子。其中有一個十七歲的男孩，四歲時開始學習小提琴，他的母親為了陪兒子來臺北讀書學音樂，自願放棄了原有工作良好的待遇和舒適的居住條件，租賃了一間破舊簡陋的房子，忍受著與丈夫長年分居的痛苦，靠打零工支付房租，靠丈夫從遠方寄來的錢維持日常生活。

在另一間不足小套房裡，住著一對親姐妹和她們的父母。她倆是為準備報考音樂學院而暫住這裡的，姐姐學長笛，妹妹彈琵琶。

這些家長惟恐孩子們的生活不能自理，惟恐孩子情感孤獨。「兒行千

里母擔憂」，他們的做法固然令人感動，但為此不惜犧牲自己，放棄自己的事業，把所有的光陰全部投注到孩子身上是否值得呢？從某種意義上來看，他們的做法是自私的，將自己無法實現的願望寄託在孩子身上，希望從他們這裡得到滿足。這是完全沒有必要的，正好相反的，還會降低孩子的生活自理能力和社會適應能力，不利於孩子的發展和進步，並養成他們的依賴性。像這樣培養出來的孩子，是否有能力走進藝術的殿堂呢？

「天將降大任於斯人也，必先苦其心智，勞其筋骨，餓其體膚，空乏其身，行拂亂其所為，所以動心忍性，增益其所不能。」這番言論正是體現在情商方面的培養，透過各種艱苦的磨練，提高人的學習能力、觀察力、記憶力、思考能力、應變能力、承受能力，從而構成超人的情商能力而能受以「大任」。

怎樣提高耐挫能力

人生不如意事十之八九。的確，古今中外，任何一個人在成長的道路上都會遇到這樣或那樣的困難、挫折。挫折是一種普遍存在的心理現象。所謂「挫折」就是當人們追求既定目標的過程中，所遭遇的種種干擾和障礙，致使無法實現目標而產生的一種消極的情緒狀態。

挫折在人的一生中各個階段都存在，只是表現不同而已，處在身心發育時期的中學生表現尤為明顯。根據調查，中學生的心理挫折主要存在於四個方面：

（一）學習方面。學習成績達不到自己的目標；沒能考取理想學校；留級；沒機會顯示自己的才能和興趣；求知慾得不到滿足等。

（二）人際關係方面。不受老師喜愛，經常受到批評；經常受到同學的排斥、諷刺；交不到可以講心裡話的朋友；父母的教育方式

不當；親子關係不良等。

（三）興趣、願望方面。自己的興趣得不到成人的支持，而受到過多的限制和責備；或由於生理條件的限制，不能達到自己的願望等。

（四）自我尊重方面。得不到老師和同學的信任，常受到輕視和感到委屈；自己覺得多方面表現都很好而沒評上「模範生」、沒選上班級幹部；個性、學習成績都不如別人等。

人之所以會產生挫折感，主要有兩種原因導致：

（一）外在因素。包括自然因素和社會因素，即由自然環境的限制（惡劣的氣候、洪水等）和社會生活中一些約束（政治、經濟、法律、婚姻等）所導致的挫折感。

（二）內在因素。包括生理和心理因素。即由於本身生理狀況（體力、外貌、某些生理缺陷等）和意識到自己不能勝任，無法協調時所產生的挫折感。中學生隨著自身身心發展和社會活動時間的增多，在心理上發生了一系列變化。一方面他們的獨立性與成人感日益增強，另一方面由於自身個性、心理的發展不穩定、不完善、承受能力較弱，所以極容易產生挫折感。

當遭遇挫折和失敗時，人們都有一種擺脫困境、減輕不安、穩定情緒、重新達到心理平衡的傾向，這種傾向稱為心理防禦機制。每個人在處理挫折和緊張情緒時，都自覺不自覺的運用心理防禦機制。因世界觀、生活態度及個性特徵不同，每個人所使用的防禦機制也有差異，其中有些是積極的，有些是消極的。積極的心理防禦機制有：

（一）昇華。人的有些行為和慾望，如果直接表現出來，可能會產生

不良後果或不為自己理智所接受，如果將其導向比較崇高的方向，使其具有建設性並有利於本人和社會時，便是昇華。比如有些同學對班上的成績優秀者存在嫉妒心理，但他不將它表現出來，而是將其作為促使自己奮發的動力，這便是昇華的表現。昇華因使原來的慾望得到間接宣洩而消除了焦慮感，還可以使個體獲得成功的滿足，所以具有積極意義。

（二）補償。指個體在追求目標、理想的過程中受挫後，改變活動方向，以其他可能成功的活動來彌補，起到「失之東隅，收之桑榆」的目的。

（三）認同。當一個人在生活中無法獲得成功感時，將自己假想成其他成功的人，藉以在心理上分享他人的成功感，從而消除因挫折而產生的痛苦。比如有的中學生透過模仿崇拜偶像或名人的言行來得到內心滿足，從而激發奮發向上的決心。

（四）幽默。當一個人遇到挫折，處境尷尬時，用幽默來化解困境，擺脫失衡狀態，也是一種積極的防禦機制。

同樣面對挫折，人們的表現往往會存在很大的差異，即心理學上所稱的「挫折容忍度不同」。有些人若無其事；有些人痛苦萬分；有些人百折不撓；有些人則一蹶不振。那麼人們的反應為什麼會如此的大相徑庭呢？影響人的耐挫折能力的因素有哪些呢？究其原因有：

（一）生理條件。身體健康、發育正常的人較體弱多病有生理缺陷的人更能抵禦挫折。

（二）挫折經驗。飽經風霜、閱歷豐富的人較知識貧乏、生活安逸的人更能抵禦挫折。

（三）個性特點。開朗豁達、意志堅定的人更能適應挫折。

（四）抱負水準。期望值過高的人容易遭受挫折打擊。

（五）心理準備。預先想到可能會出現挫折，心理有準備後，當挫折來時，更能承受。

（六）主觀判斷。能對挫折作出客觀評價、正確歸納出原因，就能恰當的應對挫折。我們雖然不能杜絕挫折的產生，但可以透過學習和訓練去積極的應對挫折。

　　現代的中學生很多都具有爭強好勝、個性十足，卻又經不起任何挫折和干擾的脆弱「蛋殼心理」。因此，一旦遇到挫折的環境，或受到批評，往往會採取過激的行為，或者攻擊、或者自責、或者冷漠退讓、或者放棄追求，甚至出現輕生行為。因此，接受挫折教育，提高耐挫能力，對中學生具有特別重要的意義，以下是幾條建議：

一、意識到挫折的存在。中學生應意識到挫折是客觀存在的，人生並非處處美好、舒適，從而在心理上做好準備。比如讀書、社會生活、與人交際等活動中可能出現挫折。

二、意識到挫折的兩面性。挫折的結果一般帶有兩種意義：一方面可能使人產生心理的痛苦，行為失措；另一方面它又可給人以教益與磨練。中學生應該看到挫折的兩面性，不應只見其消極面，而應以樂觀的態度對待生活中的挫折。

三、保持適中的自我期望水準。中學生正值精力充沛、朝氣蓬勃的青春年華，生活充滿了希望和幻想，對學習和生活難免抱有較高期望和較高要求，但由於對生活中將遇到的坎坷估計不足，對自身能力、知識水準缺乏全面認識，所以一旦遇到不順利的事

就容易產生挫折感。

因此中學生在學習和生活中應根據自己的實際情況確定具體可行的目
標，保持中等的期望水準，同時注意不可輕易否定自己。

四、培養積極樂觀的人生觀。挫折可成為弱者巨大的精神壓力，也可
成為強者勇往直前的動力。要意識到堅強的性格需要個人有意
識的磨練，絕不是一朝一夕就可以達到的。歌德曾說過：「凡不
是就著淚水吃過麵包的人，是不懂人生之味的。」所以，要樹立
堅定的目標，培養樂觀精神，這樣一來就能從逆境中站起。

五、創造條件，改變環境。情緒反映總是在一定的社會情境中產生。
因此改變引起挫折的環境，轉移注意力，就可以達到消除消極
情緒的效果。

六、合理的宣洩。人們在遭受挫折時產生的緊張情緒，必須經過某種
形式得到發洩，否則積累過多的話，容易導致精神失常。

七、尋求心理諮詢。尋求心理工作者的幫助。透過個別交談，排除心
理障礙，達到擺脫矛盾，穩定情緒的理想效果。

如何治療兒童憂鬱症

　　一般的說，患有憂鬱症的兒童大多對人、對事比較淡漠，面部表情較
僵化，不像心理正常孩子那樣活潑好動且對什麼事都願意投入精力。也
許，您會覺得患有兒童憂鬱症的孩子很難應付，但我們認為，只要家長耐
心、細心的觀察孩子，給孩子以愛心，就一定可以改變孩子這種不健康
的心理。

　　和前面所有的問題一樣，家長必須先弄清產生問題的原因，兒童憂鬱
症一般有三種類型：

一、急性憂鬱：病因多是由於與父母分離所造成。如果兒童長期與父母或爺爺奶奶住在一起，突然更換環境，兒童易因不能很快適應環境而變得憂鬱。

二、慢性憂鬱：不是一下子產生的，而是由於多次受到精神上的打擊而造成的，這樣的孩子大多有較為明顯的憂鬱情感。

三、隱匿性憂鬱：這種憂鬱症表現得比較隱蔽，不會輕易被發現，有時甚至被其他方面的問題所掩蓋。比如，在兒童過動症、攻擊性行為、違法等障礙性問題之後，很有可能隱藏著憂鬱症的傾向。除此之外，某些身體方面的不適也有可能是由於憂鬱症所致。要弄清患病的主要原因是什麼，然後才好採取具體措施。

治療兒童憂鬱症，主要應使用心理療法，這就是所謂的「心病還需心藥醫。」而且，家長是治療孩子心理疾病的主要醫生。因為兒童生活在家裡的時間比較多，在學校裡的主要任務又是學習，教師在面對一個班的學生時很難有精力去顧及某個孩子的不健康心理。在家庭治療中，最主要的辦法就是多給孩子溫暖和愛，讓他從過去的創傷中解脫出來，改變他淡漠的性格。還有，家長可以多帶孩子出去走走，幫助孩子發現生活中快樂的事情，調動他的生活積極性，樹立他的自信心。在家庭治療之外，您還可以請老師給予配合。一個老師要面對幾十個學生，很難發現哪個學生有心理障礙。家長要主動與學校溝通情況，徵求老師的配合，這樣就可以給予孩子集體治療。集體治療也是一種比較好的辦法，孩子可以在同伴、朋友的幫助帶動下變得活潑、好動、熱情起來。還有，家長要擅於發現孩子的興趣、培養孩子的興趣。興趣不是天生的東西，而是可以後天培養的，有了興趣就會有學習的動力、生活的動力。雖然患有憂鬱症的孩子不愛活

動，對事情比較冷漠，但家長只要認真觀察，還是可以發現孩子所感興趣的東西的。如果家長能在孩子感興趣的方面多加開發和引導，我們相信孩子是會逐漸改變原有性格的。

如何治療兒童電視孤獨症

　　長時間的看電視並且極為孤獨的症狀，在心理學中被稱為電視孤獨症。兒童心理學認為，電視孤獨症多發於三歲以上兒童，男孩多於女孩。患上電視孤獨症的兒童，大多對父母和同齡人漠不關心，對電視以外的事物視而不見，不愛與人交流，只願意和電視中的人物交流情感，有時甚至誤以為自己就是電視節目中的角色。另外，這樣極端孤獨的兒童，語言發展大多比較遲緩，有時給人以言語單調、刻板、重複的感覺。

　　電視作為一種現代傳播媒體，給兒童帶來了觀察社會、了解社會的機會，也使得有些兒童將注意力過分集中在電視節目中。兒童時代是人的一生中最好奇、最喜歡模仿、學習的時代。電視能夠將五彩繽紛、豐富多彩的生活呈現在孩子們面前，這是許多孩子都無法拒絕的一種誘惑。根據美國的一些市場調查表明：有三百萬名六至十歲的兒童通常在晚上十到十一點鐘仍在觀看電視。一些在校的小學生，平均每天觀看電視節目的時間不少於三小時。因此，兒童與家人、與周圍環境的感情交流逐漸減少、淡化，幾乎是不可避免的。可見，電視在帶給人們娛樂的同時，也在與父母們爭奪著兒童的情感世界。

　　一般情況下，糾正這種心理偏差，可採用以下幾種方法：

　　一、對於孩子看電視過多的行為，家長可給予適當的批評。心理學認為，給孩子適當的表揚和適當的批評都是極為重要的，表揚可以使孩子增強辨別是非的能力，提高孩子的自信心；批評又可以適當的糾正孩子的錯

誤，使兒童對自己的錯誤行為感到內疚，從而改正錯誤。但是，家長一定要掌握批評的方法，不能靠打罵來解決問題。最好的辦法是實行「後果報復」，例如如果孩子電視看得過多，家長可以禁止或減少他們看電視，以此來矯正他們孤獨、不與人交流等性格缺陷。與此同時，父母還要多與孩子交流，多為孩子提供與人接觸、與人交談的機會。

二、完全禁止孩子看電視，這是不明智的，也是不可能的。最好的辦法是家長和孩子一起看電視，並利用這種機會與孩子交流。這樣既提高了孩子的鑑賞能力，又增進了兩代人之間的感情，同時還為孩子提供了與人交流、鍛鍊語言能力的機會。當然，家長不可能有那麼多的時間來陪伴孩子看電視，但我想，只要您能隔三差五的抽一點時間陪孩子看電視，一定能收到較好的效果。

三、利用用餐、睡前的時間多和孩子交談，尤其要和孩子談談電視節目。患有電視孤獨症的孩子，注意力幾乎都在電視上，這是家長打開孩子的「話閘子」的主要契機。家長可以利用孩子對電視節目的喜愛來與之交談，以避免他們因看多了電視而影響語言的發展，使孩子不致於患有自言自語、語言單調等疾病。同時，這種做法還可以使孩子願意向家長傾述心中的所思所想，便於家長及時的了解孩子，引導孩子。

四、有的家長怕孩子哭鬧就打開電視機，藉以轉移孩子的注意力，將孩子推給電視「代管教」，使兩代人之間出現情感距離，這是對孩子不負責任的表現。所以，希望父母們能盡量抽出時間，和孩子們一起遊戲、散步、逛公園，給孩子提供廣闊的活動空間，使他們明白：除了電視，世界上還有許多有趣的事物。

五、俗語說，「上梁不正下梁歪」，如果家長每天都沉迷於看電視，

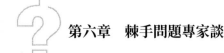

很難想像孩子能經得住誘惑。父母是兒童的第一位教師，父母的一言一行都會影響孩子的成長，所以，家長在管教孩子的時候，先要「管教」住自己。

六、讓孩子多與其他小朋友接觸。有些家長生怕孩子與外面的人接觸，養成一些壞習慣，就習慣於把孩子關在家裡，讓電視陪伴他們，隔絕了兒童與同齡人的交往。如果能多給孩子提供與同齡人交往的機會，將會大大的促進孩子各方面能力的發展。反之，孩子由於孤獨，只好將電視視為唯一夥伴，與它形影不離。

考場心理調節四法

抑制法：有許多學生在臨考前總擔心怯場，怕自己會緊張。對此，考生可用抑制法來避免怯場或走神。其原理是，當大腦中一組神經元受到刺激後，會發出興奮去刺激大腦皮質，產生思考活動。同時，它又會發出另一種興奮，去抑制其他神經元的活動。運用抑止法的具體方法是，當考生拿到試卷後，只需冷靜的思考試卷上的題目，不用多久，這種怯場或走神的心理干擾就自然會被抑止，進而調整身體步入最佳狀態來完成考試。

睡眠法：有些考生一接到試卷，由於昨夜的睡眠不足，身體欠佳，或者因為怯場，導致發揮失常。此時不妨立即趴在桌上，休息三至四分鐘，以達到鎮靜的效果。這樣做有利於中樞神經的協調，還能消除疲勞、緊張，使情緒穩定思路敏捷，使身體備戰狀態從低谷走向高峰。

翱翔法：有一些考生拿到試卷後，便憂心忡忡，導致自律神經系統紊亂，使交感神經系統過度緊張，過度抑止了迷走神經。這時，考生可讓思路像牧羊一樣，任其在大草原上暢遊。這樣，有利於自律神經協調，從而擺脫困境，順利應考。

化簡法：以往，有很多優秀的考生一拿到試卷，就先把簡單的試題消滅掉，再一步一步的解決疑難的問題。因為一旦把簡單的試題完成後，就能有效的穩定情緒，活躍思路，迅速提高反應能力。

如何擺脫消極情緒

情緒是指人對客觀事物的態度體驗及相應的行為反應。

情緒有積極和消極之分。積極的情緒是人們身心健康發展的一種內驅力，促使人積極向上，它是任何藥物和飲食無法代替的，它有利於學習和工作效率的提高。

消極的情緒則會降低智力水準，引起行動的遲鈍和精神的疲憊，喪失進取心，嚴重時會使自我控制力和判斷力下降，意識範圍變窄，正常行為瓦解。可見，消極不良的情緒會給人帶來非常大的危害。消極情緒包括：憂愁、悲傷、憤怒、緊張、焦慮、痛苦、恐懼、憎恨等。消極情緒的產生是因人因時因事而異的，產生的原因可能有：對「壓力源頭」產生的反應；在工作、學習或生活中遭受了挫折；受到了他人的挖苦或諷刺；莫名其妙的情緒低落等。

當你長期陷入消極情緒時，你需要掌握一些技能，讓自己擺脫這種情緒的困擾。下面是一些有效的方法：

冷靜分析法

遇到挫折時進行冷靜分析，從客觀、主觀、目標、環境條件等方面找出受挫的原因，採取有效的補救措施。正確的面對社會現實：要知道社會是一個由多元子系統組成的大系統；社會是光明的，但也有陰暗面；世上有好人，但也有壞人。看待社會不能過於理想化，要看到社會成員之間的

第六章　棘手問題專家談

不平等是客觀存在的，不能用自己的標準去衡量社會的公平性，而應正視社會，承認差別，努力去縮小自己與別人的差距。正確看待自己：遇到挫折，應先從自己的主觀方面去尋找原因。堅信「人無完人」，每個人都有長短處，只要積極有為、揚長補短即可；要停止自我比較，不要擔心不如別人，要接受自己，確立一種自強、自信、自立的心態，否則容易形成自卑心理。和別人比較要知己知彼，這樣才能知道是否具有可比性。例如：互作比較的兩人能力、知識、技能、投入是否一樣，否則就無法去比。有了這一條，人的心理失衡現象就會大大降低，也就不會產生那些心神不寧、無所適從的感覺。

自我鼓勵法

要有辨證的挫折觀，多讀些聖賢哲理與名人傳記。人的一生會遇到許多挫折，如何戰勝挫折，聖賢們的思想與名人們的事蹟給予我們許多啟示。自古雄才多磨難，人們最出色的工作往往正是在挫折和逆境中做出的。

自我美化法

自我美化指個體用以避免自尊心受損或增加自尊感的過程和結果。自我美化的過程往往採用下面幾種方式：

向下的社會比較：當你為了弄清自己在群體中的價值與位置，但既定的自我價值目標落空時，向上和與自己類似的人比較就可能大大挫傷你的自尊心，這時你可以進行向下的社會比較，想像有些人的價值還不如你呢。向下的社會比較可以避免自信心的降低和妒忌心的上升。

有選擇的接受回饋：當行為結果的評價性回饋有損於自尊時，便可以

有選擇的接受回饋資訊。例如：當比賽失敗時，可以這樣總結：「這是一次不公平的競爭。」

缺陷補償：人們在扮演社會角色時，不可能事事成功，當自我角色目標失敗時，便可對相關的社會角色的重要性做重新評價，以此進行自我定義，補償自己的角色缺陷。例如：一個戀愛失敗者可以這樣認為：「工作對我來說比戀愛更重要。」缺陷補償有助於個體度過困境，在困境中強調自我的「優勢」有助於增強自信心。

自我照顧歸因：歸因指對行為與事件之原因的推論。這種方法是透過強調個體對積極的合乎期望的好結果的作用，縮小對消極的不合乎期望的壞結果的責任來保護自尊。例如：考試失敗時把它歸因於試題難度和考場上的運氣。

以上幾種方法的採用有積極的方面，也有消極的方面，但這些可以避免自尊心的受損和消極情緒的產生。

自我暗示法

根據科學研究，人的體力、智力和情緒都是有週期的，也就是說體力有充沛和虛弱的時候，智力有反應敏捷和遲鈍的時候，情緒有激昂和消沉的時候。它們的週期分別是，體力：二十三天；智力：三十三天；情緒：二十八天。因而，有時候你情緒低落時，自己並不知道原因。這些時候，你的敏感性往往會增強，即使是一件小事，也會很在意，總感覺周圍的人或物在與自己做對。這種情況下，便可以暗示自己：「這幾天可能正是我情緒週期處於低落的階段，過幾天會自然好起來。」在這期間盡量避免做使你產生不愉快的事和接觸你不喜歡的人。凡事盡量保持沉默，即使別人偶爾說到自己的痛處，也要認為他（她）並不是有意要傷害你，要做到能

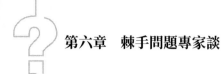

忍則自安，否則，將是自己給自己找罪受。

　　還有一種自我暗示的方式就是自我慶幸。當你遇到不幸與挫折時，不應該灰心喪氣，而應該高興的想：「事情原本可能還會更糟呢！」

宣洩法

　　宣洩可以採用以下幾種方式：

　　自我發洩：消除不良情緒最簡單的辦法莫過於使之發洩。切忌把不良心情埋於心底，隱藏的憂傷似爐中之火，能把心燒成灰燼。當你受到挫折後或心中氣憤時，你可以到野外或在不妨害社會和他人的場所盡情的大喊大叫、大笑大哭，還可以找一些事物作為你發洩的對象件。在日本的一些心理諮詢和治療機構，有一些用布做成的各種各樣的人，當有些人對上司或他人不滿而鬱悶的來諮詢時，心理醫生就讓他們把那些布人當成自己不滿的對象而進行拳打腳踢。用這種方法取得了很好的效果。對於住校的學生，浴室和廁所則往往可被作為宣洩的場所，在那裡可以盡情的大喊大唱。

　　其他的宣洩方式還包括談心、寫日記等。一個人如果經常壓抑自己的心情，長期下去嚴重時可能會導致憂鬱症，因此，當消極情緒出現時還是把它宣洩出來為佳。

轉移法

　　就是把自己的注意、思考和行為轉移到其他方面。可採用以下幾種形式：

　　憶喜忘憂：把令你高興的事一條條的列在一張紙上，並且邊寫邊努力的反覆進行想像，沉醉到當時的愉快的情境中去，這樣便會使你樂以忘

憂，從而感到前途依然是光明的。

聽音樂：當消極情緒出現時，聽自己喜愛的音樂，在這種旋律中心情會獲得放鬆，而且變得舒暢起來。

做你所好的事：當某件事一直縈繞在頭腦裡而影響你的情緒時，不如先暫時避開它，轉而進行你所喜愛的活動或遊戲。比如說，你喜歡下棋或玩撲克牌，你將會在快樂中忘掉那些煩心的事。

積極工作：壓抑會產生厭倦、懶惰的行為。越是懶於做事的人，越容易發生心理危機。把自己的作息時間安排得井井有序，更加勤奮工作或學習，就不會有時間再去考慮那些令人心煩的事了。而且，當你成功的完成某項工作後，心裡會踏實許多。

睡覺：有些人心煩時，往往以「一醉解千愁」的方式來應對，然而酒非但不能解愁，卻是「借酒消愁愁更愁」。醉酒只會傷身，別無益處。倒不如「一睡解千愁」更有作用。況且，充足的睡眠可令人精神振奮。

孩子性格測試

這個測試可以由父母來答。請閱讀下列問題，認為非常適合孩子的請打「√」，較適合的畫「O」，較不適合的畫「Δ」，完全不一樣的畫「×」。測試也可以由孩子自己來答，方法一樣。不論誰來答都請注意，考慮太多反而不好作答，就憑直覺快速回答即可。

問題：

非常適合孩子的請打「√」，較適合的畫「O」，較不適合的畫「Δ」，完全不一樣的畫「×」	
一、能很快交到新朋友。	

二、喜歡一個人讀書而不喜歡和朋友聚眾喧嘩。	
三、喜歡一個人做車、船等模型。	
四、對事物的喜好來得快去得也快。	
五、對任何事情都非常小心，喜歡瞎操心。	
六、認為別人的意見比不上自己。	
七、買東西時什麼都喜歡而無法決定。	
八、不管什麼時候心情都很好。	
九、聽從老師的吩咐。	
十、看悲傷的電影或電視時會掉眼淚。	
十一、遠足的前一天常常興奮得睡不著。	
十二、不喜歡一個人安靜，有事情沒做好就感到不滿意。	
十三、事情開始前做好周全的準備。	
十四、喜歡別人的照顧。	
十五、不擅長讓朋友了解自己。	
十六、忍耐力強。	
十七、不擅長查詢自己不懂的問題。	
十八、總是悶悶不樂。	
十九、喜歡運動和冒險。	
二十、喜歡買寵物。	
二十一、常提學校發生的事。	
二十二、周圍有人就無法專心做功課。	
二十三、討厭別人正義感的扭曲。	
二十四、常向朋友炫耀自己家人的事。	
二十五、喜歡乾淨，吃飯前一定先洗手。	
二十六、在朋友中當領導人物。	
二十七、即使是簡單的事也拜託別人做。	
二十八、上課時踴躍的發言。	
二十九、喜歡思考困難的問題。	

三十、不喜歡的東西立刻丟掉。	
三十一、容易相信算命及卜卦。	
三十二、跟朋友分離就傷心的哭。	
三十三、喜歡運動。	
三十四、對朋友很體貼。	
三十五、容易放棄已擬好的計畫。	
三十六、上課時很專心聽講。	
三十七、熱衷於某事情時可到廢寢忘食的地步。	
三十八、對朋友的好惡有激烈的反應。	
三十九、當事情反覆幾次都無法確定時就不滿意。	
四十、做出使父母擔心的事。	
四十一、喜歡裝大人的樣子。	

評定：

以上問題打「√」的記三分，畫「○」的記二分，畫「△」的記一分，畫「×」的記零分。將各題的分數填入下表中相應的空格內。然後計算從 A 到 G 各縱列的得分合計，得分最高的便是少年所屬的性格類型。

	A	B	C	D	E	F	G
題號	一	二	三	四	五	六	七
得分							
題號	八	九	十	十一	十二	十三	十四
得分							
題號	十五	十六	十七	十八	十九	二十	二十一
得分							
題號	二十二	二十三	二十四	二十五	二十六	二十七	二十八
得分							
題號	二十九	三十	三十一	三十二	三十三	三十四	三十五

得分							
題號	三十六	三十七	三十八	三十九	四十	四十一	
得分							
總分							

A 外向型性格

這樣的少年非常善於交際，也容易適應人際關係，能很輕鬆的與別人相處，在進入新的環境中也能在短時間內與別人和諧融洽的打成一片。雖然有時也會突然默不作聲或悲傷憂鬱，但通常都是朝氣蓬勃，跟小孩般的快活輕鬆，會說一些笑話讓人開懷大笑，使周圍的氣氛明朗活潑。在家中由於開放民主的個性，跟父母很有話說，有著親密的溝通。對這樣的孩子，父母即使不去提出問題，他自己也會找你談話，所以親子溝通上不會有太大的問題。但是當他心情不好時，請耐心的等他再開朗起來。

B 內向型性格

這樣的少年不善於交際，喜歡一人獨處，不喜歡和一大堆朋友熱熱鬧鬧的一起玩，寧可兩三個志同道合的朋友一起聊天。所以進入新的環境也難以適應，很難結交新的朋友。認真、溫文爾雅、成熟、負責任，是這類型人的特徵，所以老師對這樣的孩子的評語也相當好。這樣的少年在家裡不喜歡說話，不會主動找父母談心，到了青春期這種傾向會更明顯，因而父母會為不知道子女想什麼而感到不安，所以，父母應該引導孩子談話，主動進行溝通是非常必要的。

C 固執型性格

這樣的少年做事一絲不苟，非常專心，總是有頭有尾，忍耐性強；另一方面，不容易接受新事物、保守性也強。在飲食上，喜歡吃的東西每天

吃都不膩，不喜歡吃的東西連看都不看一眼。平時很有禮貌，遵守規矩。如果有朋友不守規矩，就會嚴厲的教訓，所以朋友會認為他很頑固而不敢得罪。在家中這樣的孩子不會做出奇怪的事，所以父母不用太擔心。但因為他比較成熟，有些事情常悶在心裡，所以不妨引導他學會大喊幾聲來緩解心中的鬱悶。

D 自我型性格

這樣的少年喜歡引人注意，眼高手低，不願努力工作，如遇考試也是臨時抱佛腳。不喜歡一個人獨處，喜歡自己的周圍經常有一大堆朋友，慷慨大方，經常施給朋友小恩惠，表面看似朋友很多，但真正的朋友沒有幾個。經常誇耀自己的長處，不願意暴露自己的缺點。在家裡這樣的孩子親子關係相當不錯，為了引起父母注意，會若無其事的說謊。因此，父母應從老師同學那裡來了解孩子。另外，這樣的孩子還有模仿父母行為較強的傾向，所以父母要特別注意自己的言行，以免孩子因模仿而形成不良習慣。

E 敏感型性格

這樣的少年對什麼事都很敏感，不管是自己的事或別人事都很在意，常留心周圍的事並做出行為反應，常為了一件無聊簡單的事而懊惱，有點神經質，有點潔癖，事事追求完美。比如常在寫信時因為寫錯一個字而急於改正，又因太在意而更容易出錯。許多事都如此，因為太在意反而做不好。對這樣的孩子，父母應努力創造一種能以寬鬆的心情談話的氣氛，引導孩子以寬闊的胸襟來看世界，從而緩解其緊張的情緒。

F 主動型性格

這樣的少年非常主動積極，認為與其一個人悶悶不樂，不如想做什麼

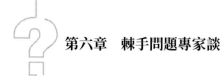

就做，可算是實踐行動派。在朋友中是領袖人物，大家都相信他並爭取他的信任；在家裡這樣的子女不用父母操心，到了青春期更有自己的主張，親子行為表現不會有偏差，父母也不用太擔心。父母應進一步信任他們，幫助他們的積極主動性朝好的方面發展。

G 被動型性格

這樣的少年非常的消極被動，很少自己動手做事而總跟在別人後面，幾乎沒有自己的主張，別人怎麼說他就怎麼做。但是，心地善良同情弱者，比如乘車時會讓座給老人。在家誠懇的聽父母的話，就是到了青春期仍然會缺乏自主性而不能發展，自己難於做決定，離開父母的話則更為困難。父母應透過鍛鍊和讓他跟別人比較等方法，積極的促使其自主求勝願望。

上面的測試如果是少年朋友自測，那麼，你對自己的性格特徵將有了較清晰的把握。俗話說「江山易改本性難移」，這告訴我們，性格是穩固的，同時也告訴我們，性格又是可變的。因為是「難移」不是「不能移」，只是性格的改變較難一些罷了。若你是一個有志少年，只要肯下功夫來自我磨練，你就會逐漸自我塑出更完美的個性。請切記：人不應是自己性格的奴隸，而應是自己性格的主人。

單親家庭教育問題

英國皇家醫院心理學家認為，確保一個孩子健康、幸福成長的最佳之路仍然是傳統之路 —— 一個父母相親相愛的穩定家庭。但歷史也向人們展示了：人類中最具創造性的思想家和事業成功者中，一些人卻生長在單親家庭。

　　美國前總統柯林頓、英國前首相希思、電影導演山姆‧曼德斯、英國歌唱家艾爾頓‧強、電影演員史特龍、國際象棋大師加里‧卡斯帕洛夫……他們在各自的領域裡並非都是最聰明、最富創造性之人，但他們有一個共同點，即生活在父母離異的單親家庭，或者父親是個百依百順的男子，是母親幫助兒子樹立雄心壯志，並為他們的成功傾注了全部精力。

　　當《美國心玫瑰情》的導演山姆‧曼德斯榮獲奧斯卡最佳導演金像獎時，他的右手牢牢抓著奧斯卡金像獎，而左手則扶著他母親瓦萊麗的肩，因為他要讓母親和他一起接受人們的歡呼。曼德斯激動的說，是母親讓他樹立了堅持不懈的決心，是母親的無盡推動力使他成為最優秀的導演。出生在英國的曼德斯五歲時父母離異，是母親撫育他長大成人。他深情的回憶說，當他請求擔任電影導演的七十封履歷遭到拒絕時，是母親聆聽了他近乎絕望的痛苦訴說，鼓勵他更加努力，繼續應試。曼德斯的同事說：「他的母親是他的精神支柱、他的避風港、他信心的創造者。」

　　國際象棋大師加里‧卡斯帕洛夫，在二十二歲時成為世界上最年輕的國際象棋冠軍，是國際象棋史上的奇才。卡斯帕洛夫能講十五國語言，是一位有造詣的數學家、電腦專家、紐約華爾街雜誌的定期撰稿人。卡斯帕洛夫七歲時父親不幸去世，自此以後，他的母親克拉拉當成了他前進的指導力量。在他的自傳《變化的童年》中，卡斯帕洛夫把童年對象棋的興趣歸因於觀看母親下棋。是母親鼓勵他樹立強烈的自我，對他走向國際象棋世界級大師之路起了關鍵性作用。卡斯帕洛夫的密友、英國國際象棋大師雷蒙德‧基恩說：「每一場比賽他的母親總要到場，在隱蔽的地方，因為她是他的副官、他的參謀長。他依賴她的出現，他需要知道她在哪裡。」另一位國際象棋大師回憶起一部家庭錄影片，上面記錄了卡斯帕洛夫二十

第六章　棘手問題專家談

多歲時的情況。他說：「影像上拍攝了他在游泳池裡游了許多個來回後從水中上來的情境，他的母親趕忙走上前去為他裹了一條大浴巾。許多二十多歲的青年對母親對他們這樣的親暱動作會感到不好意思，但卡斯帕洛夫感到十分自然。」

美國前總統柯林頓也是母親培養出來的一位成功者。在柯林頓來到人間前三個月，他的父親去世。柯林頓的母親維吉尼亞是一名護士，她下決心要使兒子不但有個好職業，而且要進步得很快。她一心放在兒子身上，讓柯林頓住大房間，在他三歲時就開始教他讀寫。柯林頓上小學時，維吉尼亞每天接送他上學，為此柯林頓被同學們譏笑為「膽小鬼」。上高中時，柯林頓是同學中第一個擁有汽車的學生，是他母親從小給他存錢買的。後來柯林頓到牛津上學時，維吉尼亞要求他每星期給她寫一封信，並審查他結交的新朋友，她叮囑柯林頓「永不停止學習，永遠不要說『我做不到』。」

英國前首相希思是由勞動階級家庭成為保守黨首相的第一人。希思回憶個人的成長史時說，是母親伊蒂絲向他灌輸了信念 —— 只要努力就能成功。伊蒂絲是一個貴夫人的女傭，後來和一個木匠結了婚，她深信，她的兒子將來一定能解決當時流行的階級成見，出人頭地。希思八十三歲時仍然對五十年前逝世的母親十分懷念。他深情的說：「當母親逝世時，我身心交瘁，簡直要垮掉，我幾乎不知道如何生活下去。」

透過以上事例我們可以看出，如果引導得當，母親的決心和奉獻精神是能夠產生時代最成功的人才的。但是另一方面，我們也應看到，由於傳統文化及觀念的影響，不少的夫妻雙方在孩子問題上很難達成一致。他們視孩子為自己的私有財產，不考慮孩子的需要，因此離婚對孩子的傷害相

對較大。常見的有：

一、溺愛孩子或將憤怒發洩在孩子身上

有些夫妻離婚後，總感覺對不起孩子。因此，他們往往過分溺愛子女，盡量滿足他們的所有要求。在這種單親家庭成長起來的孩子，一般而言在性格上存在著一定的缺陷。比如霸氣十足、任性刁蠻、以自我為中心，甚至干預父母的婚事等。另一種情況是夫妻離婚時視孩子為累贅，雙方都不肯接納孩子。當子女隨父母一方生活時，一方往往將對原配偶的怨氣及生活中的不滿統統向孩子發洩，孩子成了出氣筒。在這種家庭環境成長起來的兒童很容易出現行為方面的問題。在社會上，我們也經常發現一些不良少年的家庭為單親家庭。

二、向孩子發洩自己對配偶的不滿

對孩子講對方的壞話，讓他痛恨他的父親或母親，告訴孩子他的父親或母親拋棄了他等等。如果你這樣做了，你就使孩子的心靈進一步的受到傷害。這些孩子長大成人以後，會在家庭生活及戀愛婚姻中遇到麻煩。

三、不讓原配偶看望孩子，把孩子當成報復對方的工具

這種情況多見於婚外情家庭和被動離婚者。他們自己受到了配偶的傷害，於是，就以剝奪其配偶看望孩子的權利作為懲罰對方的手段，殊不知其後果並不能如其所願。因為成人具有較多的生活經驗，即使你不讓他探視孩子，他也能承受。但你的孩子所受的傷害遠遠超過了你的想像。父母是他們最親密、最依賴的對象，不管你們夫妻關係如何，你們都是愛孩子的，孩子也愛你們兩個。如果你剝奪孩子愛與被愛的權利，親子交往受到

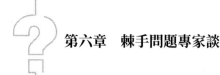

人為的遏制，他會自覺或不自覺的發生自我壓抑，其結果必定是自我疏遠，即表現為對已經很熟悉的父母產生突然變得陌生的感覺，這對孩子的心理發展極為不利，其影響在孩子成長過程及將來對婚姻家庭的態度上就會表現出來。他很容易在與人及與配偶建立親密關係上出問題。

　　目前，法律已明確的規定了父母對子女的探視權，希望離異的夫妻能拋開彼此之間的恩怨，從孩子們的身心健康出發，讓他們仍然享受到父母的愛。

四、讓孩子捲入父母的感情漩渦當中，充當代言人

　　孩子確實是家庭的紐帶，根據有關的調查研究表明有子女與多子女家庭的離婚率顯著的低於無子女家庭。在臺灣確實有一些父母為了孩子不離婚，但他們生活得很痛苦。離婚對子女確有不利的影響，但如果我們保護好孩子，盡量減少對他們的不利影響，傷害也是可以避免的。有些夫妻試圖用孩子拴住配偶的心，尤其女人通常容易犯類似的錯誤。前不久，某有關單親家庭的電視節目中，採訪了一個母親和她的兒子，節目的主題可能是想讓大家了解單親家庭的孩子是多麼希望有一個完整的家庭生活。被採訪的母親與丈夫分開很久，但仍希望能夠與前夫破鏡重圓，而她十幾歲的兒子就長期充當了母親的代言人，要求父親與母親再婚。於是我們看到了一個活得很「痛苦」的「成熟」的小大人。現場的有關專業人員當即指出，讓孩子承擔如此的重任，小小的心靈承受這麼大的負荷，對他來說太沉重了。童年是一個人最幸福的時光，我們不應該過早的剝奪孩子快樂的權利，讓孩子生活在痛苦中。

　　單親家庭的形成往往與痛苦、不幸聯繫在一起。有的是離異，有的是喪偶。家長在精神上、生活上都存在一定程度的壓力。由於單親家庭的特

殊性，家長在教育子女時要注意以下幾點：

一、注意子女健全人格的培養

由於個人情感受挫，積累了消極情緒，家長有時會無意識的將受挫感透過一些方式施加給子女，這將不利於子女健全人格的形成。比如離異的父母，出於對對方的不滿和怨恨，不讓孩子親近對方，甚至對孩子說一些對方的壞話，在孩子心中過早的投下陰影，嚴重的會在孩子純潔的心靈中播下仇恨的種子。有的父母想獨占孩子的情感世界，不讓對方探望孩子，孰不知在孩子心目中，父母皆是他們的真愛，幼小的心靈既需要父愛來灌溉，也需要母愛去滋潤。這樣一來，孩子在成長過程中，得到的愛是不完整的，壓抑了孩子正常的情感需求，就容易形成煩躁、鬱悶、孤僻的性格，扭曲了正常的心理。還有的家長為了將來組成新家庭，把孩子像皮球似的踢來踢去，容易使孩子心灰意冷，變得冷酷無情。家長要盡量避免以上情況的出現，同時注意滿足孩子正當的需求，如交友、旅遊、拜訪親人。這些需求的滿足不僅培養了孩子的社會適應能力，還能陶冶其健康的情操，有利於健全人格的形成。另外，父母雙方的氣質、個性、風度等方面對孩子健全人格的形成影響極大，單親離異的家長要讓孩子多接觸對方；喪偶的家長要讓孩子學習社會中其所缺失的個性鮮明的父親（母親）角色，使孩子的性別特徵健康發展。

二、注意培養子女的自尊與自信

首先，要給孩子安全感。單親家長由於離異或喪偶，處在極度的痛苦之中，心情不愉快，並常把怨氣轉移到孩子身上。在生活中，父母評判子女的行為時，心情就是標準，常常導致孩子無所適從，處於恐懼和焦慮之中，沒有了安全感，又哪來的自尊、自信，更談不上發揮潛能了。告訴孩

子離婚是社會文明的一種體現。父母由於性格不合而分手，就像孩子交朋友一樣，一對好朋友也可能會因為某種原因而分開，而不是雙方品行不端。不要讓孩子認為父母離婚是不光彩的事，自己的父母不如別人的父母，從而產生自卑感。喪偶的父母更應該告訴孩子人生要經歷許多痛苦和不幸，面對不幸，不要恐懼和害怕，要勇敢的面對人生，鼓勵孩子自立、自強、自尊。

三、切忌用金錢彌補孩子

單親家長由於不能給孩子一個健全的家，有一種負疚感，於是往往用金錢彌補孩子受傷的心靈。在探望時給錢，平時孩子提什麼要求也用金錢來滿足。其他親人也覺得孩子可憐，有時也會給孩子錢。甚至有的家長為了占據孩子的情感世界，雙方爭著給錢，看誰給得多。單親家庭給孩子錢要把握好一個「度」，千萬不可無節制的給孩子過多的錢，並要加強對孩子花錢的指導，以免孩子形成大手大腳花錢的習慣，甚至揮霍無度，最終走入歧途。

總之，作為單親父母，要善於調整自己的情緒，保持理智，面對現實，為了子女能健康成長，認真嚴肅的做好家庭教育工作。

【相關案例】

失業員工子女的家庭教育

一些員工失業了，他們的生活遇到了暫時的困難，進而也直接影響了子女的學習與生活。失業員工子女的家庭教育是一種新的問題。

根據抽樣調查，在校學生中約有百分之二十五到百分之三十的家庭存在著父母失業的情況，這些家庭由於經濟的暫時困難及父母忙於再就業，而忽視了對子女的家庭教育，使子女出現了自卑、苦悶、放任自己等現

象。他們覺得父母失是不光彩的事，同學們會瞧不起自己，家庭經濟困難，自己零用錢少了。他們有時會有意避開和同學在一起交流、活動的機會。還有的孩子向同學隱瞞父母失業的現實，千方百計弄來零用錢，為了不在同學面前失面子，仍然大手大腳的花錢。

面對孩子們的種種不良表現，首先，家長們應走出自卑，以自己的行動去感染子女做自立自強的少年。家長們應該懂得，失業並不是什麼不光彩的事，也沒有什麼可怕的，這是市場經濟體制建立和完善過程中的必然現象，自己失業，犧牲了個人眼前的利益，是為了企業整體的考量。家長要鼓勵孩子替父母分憂，做生活的強者，爭取成為自強自立的好少年。在某個主題為「替父母分憂，做生活強者」的主題大會上，不少離職員工的子女滿懷深情的講述了自己的父母在再就業過程中勞累、自強不息的感人事蹟。例如：一位女孩的父母雙雙失業，他們白天分頭挨家挨戶拜訪，兼差推銷一些產品，夜晚還要去參加再就業中心的培訓，但他們再忙再累也從不忘記和女兒談談心，說說自己一天的工作和學習情況。小女兒在父母的感染下，非常懂事，學習、生活安排得井井有條，還學會了許多力所能及的家務事。她在大會上向全校失業員工的子女發出提議：努力學習，不讓家長操心；勤儉節約，不讓家長煩心；說話和氣，不讓家長傷心；多做力所能及的家務，讓家長省心；以滿腔熱情，支持父母再就業；以優異的學習成績，給父母一份安慰。父母的振奮，會感染孩子；孩子的懂事，同樣會激勵父母。

離職員工忙於再就業，身體勞累，情緒不穩定，在教育子女上易出現兩個極端。一是打罵型，平時對孩子放任自流，一不合意時便拳腳相向。這些家長，平時不關心孩子，小錯不在乎、不過問，錯誤一大便打罵一

頓。在忙亂中忘記了對孩子的教育，這是不對的。自己離職了，找工作、當臨時工，是很忙、也很難，但不能忽視了對子女的教育。要多和孩子談談心，要對孩子推心置腹、循循善誘，只有在和諧、民主的家庭環境中，孩子才會沒有心理負擔，才能幸福的生活，健康的成長。另一種是溺愛型。這些家長過分的溺愛孩子，使這些孩子不顧父母離職造成的困難，仍舊和同學比較吃穿，而他們的父母也一味的硬撐著去滿足孩子的虛榮心，對孩子百依百順。在家長的過分溺愛下，孩子們滋生了驕氣、傲氣、個人主義等等。對這些家庭的孩子，家長們應走出盲點，有意識的為子女創造勞動的環境，讓孩子經常從事一些家庭生活中力所能及的體力勞動，支持鼓勵他們參加一些社會、學校的公益活動，有意識的為孩子設置一些困境和逆境，讓他們在不斷克服困難的過程中得到真知，強化經歷困難和挫折的心理準備，增強生活的信心和勇氣，逐漸適應未來競爭社會的需要。

第七章　父母必備知識

學習與發展

如何指導孩子的升學與學習？

一、幫助學生適應從小學到國中的過渡，學會安排新的學習生活。進入國中以後，學習、生活出現了一些顯著的變化：課程種類增多，學科內容逐漸專業化，不像小學課程那樣集中；在學習方法上、時間安排上，中學各科教師不可能像小學教師那樣安排得細緻、具體，要讓他們學會自己合理分配學習時間。

二、用豐富多彩的健康活動吸引他們，將好奇心和求知慾引向正道。少年活潑好動，精力旺盛、興趣廣泛、求知慾強，他們的精力總要用於某一方面。如果得到正確引導，就會使他們在吸收知識、參加活動的過程中形成良好品德和高尚情操；如果得不到正確的引導，他們可能會自發的去閱讀一些情節離奇的書刊，參加一些格調不高的活動，以致於受到某些毒害。家長要配合學校和教師，關心孩子課內的學習是否跟上了進度，課外的活動是否充實而健康，適時引導，並且要幫助孩子安排一些健康的課外活動。

三、注意教育方法，在尊重孩子的前提下加以引導。少年期的獨立性和成人感增強了他們的自尊心和自主的願望，並在情感上減輕了對家長和教師的依賴性。這種依賴性的減輕，是他們成長的表現，此時稱為「心理性斷乳」期，即少年正處於離開雙親的保護而取得個人自立的時期。把他們再當「小孩」看待，親昵的撫愛，瑣碎的說教，會引起他們反感；過多的限制，粗暴的指責，會激起他們的反抗。家長和教師要注意正面引導和鼓勵，批評他們的缺點時要注意場合和分寸，要符合事實，不要誇大其

詞，更不能粗暴訓斥，訴諸武力，盡量做到和風細雨，循循善誘，平等相待，以理服人。

四、潛移默化，防患於未然。少年富於模仿，珍重友誼但有時又分不清正當友誼與哥們兒義氣的界限，這也是父母和教師所擔心的問題。教育者要做有心人，平時要注意觀察孩子們的言行和情緒變化，了解他們校內外活動的時間和內容，要有意引導，防患於未然，把引導工作做在問題發生之前。另外，身教勝於言教，家長和教師本身就是少年最直接最貼近的模仿對象。

五、培養勞動習慣，加強意志鍛鍊；滿足正當需求，防止壞人引誘。俗話說：「業精於勤荒於嬉，行成於思毀於隨。」想要使少年鍛鍊成才，必須要在「勤」字上下功夫，要培養他們吃苦耐勞的精神。

六、對高中生也要擔負指導責任。整個高中階段稱為青年初期。在此階段，許多家長認為，孩子大了，可以放其「單飛了」，對孩子智育採取不管不問的態度，任其自然發展，這是不正確的觀念。事實上，根據這個階段孩子智育發展的特點，家長仍然負有指導孩子智力發展的責任。

青年初期的心理與以下四個方面密切聯繫：

（一）身體發育已逐漸接近於成人的水準。

（二）學習上有了新的要求，學習內容更加有系統、更加複雜。這就需要抽象邏輯思維和語言表達能力有更高的水準，同時更應具備思維的獨立性、自覺性，應當有辨證思維的頭腦。

（三）在集體生活中有新的地位。他們之中有許多人加入了社團，在學校各項活動中擔負著重要責任。同時，在學習活動中也更具有獨立性。

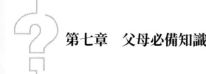

（四）每個人都面臨著職業選擇這一個嚴肅的問題。

上述這些情況，使高中學生的自覺性與獨立性達到前所未有的水準。因此，父母要尊重和鼓勵他們的自覺性和積極性，以發展青年人所特有的朝氣和活力。同時，還應看到，高中階段，僅僅是達到成熟時期，但是，他們的智力水準還不高，看問題往往並不全面，他們的個性傾向也還不穩定。因此，在加強孩子的自我修養的時候，家長也應擔負起指導的責任。那種認為「孩子大了，應該自己去設計自己的路」的想法是十分有害的。

七、正確引導孩子指考。孩子面臨指考時，心情十分緊張，有的孩子會感到這是人生道路上關鍵性的搏鬥，因而思想壓力很大；有的感到不能辜負家長與親友的殷切希望，因而，拚命也要攻下大學關卡；有的是在家長逼迫之下，只好「在學習的苦海中掙扎，拚死也要游到勝利的彼岸。」凡此種種，緊張、惶恐、擔憂等消極心理應運而生。面對這些，家長有責任設法解除孩子的思想負擔。

首先，若孩子背上這樣沉重的包袱，就不能在考場上發揮應有的水準。緊張的心理會使大腦神經皮質的某些區域形成抑制狀態，這種暫時抑制，對發揮水準妨礙極大

其次，心情緊張也會造成身體傷害。比如，血壓升高、心律加快、容易失眠等等。

所以，家長應首先檢查自己有沒有給孩子造成壓力。同時，在考試前，應對孩子進行教育，幫助他們「卸除包袱」，有可能時還應幫助他們安排複習計畫，注意勞逸結合，講明過度緊張的壞處，防止孩子在指考前心理上先打敗仗。

孩子考試怯場怎麼辦？

　　考試怯場是一個比較普遍的現象，在任何有考試的場合都可能出現，在中小學生中更多一些。怯場是一種短暫性心理失常現象，是由於各種原因造成情緒過度緊張所致。表現為原來已經熟記的資料、熟練的動作不能重新回憶、再現或再做。嚴重者還可能出現頭暈（俗稱暈場）、目眩、心悸、噁心症狀等，結果造成考試失利。

　　產生怯場的生理原因，是大腦的皮質中由於情緒高度緊張而出現了優勢興奮中心，這個優勢興奮中心又因為免誘導規律而使大腦皮質的其他部位產生抑制，從而阻礙了皮質上過去已經形成的神經聯繫再次接通。簡單的說，就是大腦中緊張的興奮中心把其他該興奮的地方給壓抑住了。因此，解決怯場問題，關鍵在於消除干擾性的優勢興奮中心。

　　孩子的過度緊張是由於過度的壓力製成的，這壓力既有外部的，也有自身的。

　　有些壓力來自家長。家長望子成龍、望女成鳳，期望值非常高，而且把期望變成了言語、行動，不斷給孩子施加壓力：「你一定要考好，考好了有獎勵。」、「考不好就是沒出息。」、「父母的希望全在你身上，考不好就全完了。」、「考不好，回來跟你算帳」……而且在行動上準備營養品、補腦飲料……這些言行成為有形和無形的壓力，集中到孩子腦子裡去。

　　有些壓力來自學校。有些學校以及老師運用成績排行甚至倒計時方式促使學生好好念書、提高成績。對於面臨升學考試的學生，更是多管齊下，造成嚴重的緊張氣氛。這對學生的壓力是很大的。

　　有些壓力來自社會。由於社會上競爭日趨激烈，各種考試成為人們的一個熱門話題。親友們見到孩子，經常會問：「書念得怎樣，考試得多少

分？」而且往往鼓勵幾句，「好好念，將來考大學，當個專家。」殊不知這些關切的話語，對孩子都會造成心理壓力。

如果一個孩子面對這些壓力時能夠有正確的認識、自我調控，化壓力為動力，考場上不亂了方寸，那麼，不但不會影響成績，還有可能會考得比較好。

如果一個孩子，本來成績就不好，而且沒有信心，對這些壓力抱無所謂態度，任誰怎麼說，都我行我素，那考試也不會見起色。

問題在於有的孩子心思很重，把這些「石頭」一塊一塊堆到腦子裡去了，而且自己給自己加壓，自我期望值也很高，但是又缺乏堅強的意志來調控高度緊張的情緒。一到考試時候，優勢興奮中心成為嚴重的干擾源，當然考不好了。

怎樣做才能使孩子考試不怯場呢？

首先，要從家長開始，做好減壓的工作。一方面，家長不要在平時給孩子太多的精神壓力，不要盲目的給孩子定過高的指標。在臨近考試時，尤其不要天天嘴不離口的談考試的事，因為你說得越多，刺激孩子產生緊張情緒的訊號就會越多。另一方面，不宜在孩子考試前和考試期間，為孩子做過多的物質準備和具體服務，例如買很多的營養品，像保護大貓熊似的處處服務周到，這些做法會給孩子增加壓力。適當的改善一下飲食是可以的，但不能過分。

其次，指導孩子正確的看待考試，幫助孩子減輕自我壓力。孩子的水準是客觀的，只要認真複習，認真做好考試準備，能考出自己的實際水準就行了。有的孩子對自己的水準認識不夠，自我期望過高，甚至有僥倖心理；有的孩子總擔心出錯，這樣一來，進入考場就緊張，一旦看見不熟悉

的題目，緊張情緒加劇，導致一連串的失誤。家長應在少給孩子施加壓力的同時，引導孩子正確對待考試。告訴孩子不要給自己定太高的指標，考試遇見不熟悉的題目是正常現象，勝敗乃兵家常事，努力就是好孩子。

第三，指導孩子在考場上運用「轉移注意」和「自我暗示」的方法緩解自己的緊張情緒。轉移注意就是暫時的強迫自己把注意力集中在考試以外的事物上，使緊張程度緩解。比如，當心裡過於緊張時，認真聽老師講考試注意事項，觀察老師的服飾、表情，想一小會兒最感興趣的事情等等，都會使自己平靜下來。自我暗示就是在內心裡自己提醒自己：我是很鎮定的，呼吸多麼平穩，頭腦也很清楚……這種反覆提醒也有助於緩解緊張情緒。

第四，指導孩子事先明確自己答卷的程序和要求，按部就班去做。基本的程序和要求是：一、工工整整的寫上姓名（有時寫學號、准考證號），一筆一劃的寫，有助於使自己平靜下來。二、看準題目，審清題意，一個題一個題按順序往下答。易緊張的孩子不要先把全部題目看一遍，那樣容易造成因為看到一個不熟悉題目而增加緊張感。遇到不會答的題目，認真展開思路想一想，如沒有想通，暫時放下，不可占過多時間，免得耽誤了做其他題目的時間。會做的題做完之後，再回過頭來做難題。三、仔細檢查、避免漏答錯答。檢查的技巧是，先看一下剩餘多少時間，時間充裕，逐題檢查，大題、難題多花點時間；時間較少，普通題目看一遍即可，多看一看重點題目。特別要把試卷正反面都檢查一下，不要有漏答的題目。

這個基本程序和要求，讓孩子在平時小測驗和段考中就堅持做到，養成習慣，將來遇到比較大的考試就會自然的按程序應考了。

第五，指導孩子在考前把該準備的用具準備好，放在比較保險的地

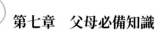

方。有的孩子就因為臨時發現用具準備不齊，而增加了緊張情緒。

此外，在考試前讓孩子適當參加一些藝文體育活動，放鬆身心，對防止怯場很有好處。

還可以在考試前和考試中喝一點板藍根、花茶等清熱降火的中藥，有利於保持腦子清醒。如果孩子考試怯場過分嚴重，則建議去看看心理醫生。

如何培養孩子的寫作能力？

一、從訓練口語表達能力開始。

培養孩子的寫作能力，要從培養孩子說話開始。寫作是用文字來表達自己的思想感情，而說話則是用口頭語言來表達自己的思想感情。「說」和「寫」的關係極為密切。一般來講，口語表達能力強的孩子，寫作能力也比較強；講起話來清楚、流暢、有條有理，作文也就容易寫得清楚、流暢、有條有理。

比如，有的孩子講起話來，口若懸河滔滔不絕，詞彙豐富，表達準確；有的孩子講起話來，言簡意明；有的孩子講起話來則囉囉嗦嗦詞不達意，使人聽起來很不舒服。孩子在口語表達能力上表現出來的這些差異，不能不說和平時的說話訓練關係密切。心理學家的研究表明：「兒童從學前期開始學習口頭言語，到小學、中學階段，口語能力都在繼續發展。」因此，在這一階段做好孩子口語表達能力的培養，是非常必要的。

在日常生活中，訓練孩子口語表達能力的方法是很多的。比如，孩子看完一部小說或看完一部電影，覺得很有意思，這時父母就可以讓孩子把小說或是電影的內容講給大家聽。再如，有些頻道和電視臺，每天都有小說連續廣播或書評節目，很多孩子和家長都愛聽愛看這個節目。在收聽或

者收看這個節目時，如果我們有一位家長不在場，並事先囑咐好孩子，由孩子給這位家長複述本次的故事情節，這樣讓孩子帶著任務聽書評，聽起來一定會很認真，並努力去記憶。如果家長在聽孩子複述時，表現出極大的興趣，無疑是對孩子的莫大鼓勵。孩子複述完了內容，家長可以幫孩子做些必要的補充，進行以鼓勵為主的講評，向孩子提出具體的改進意見。

對孩子的複述，要逐步要求孩子做到：有開頭，有結尾，內容詳盡，描寫人物、景物要細緻，要允許孩子做適當的發揮。在複述時，要求做到層次清楚，脈絡分明，前後連貫一致。說話的句子要完整，不重複囉嗦，沒有語病，不帶口頭禪。

在複述時，如果孩子能夠做到：發音清晰，聲音宏亮，態度從容不迫，並且有表情，速度適中，那就更好。

對孩子進行敘述訓練，應該根據孩子的不同年齡和知識結構，提出不同的要求。如對高年級有一定複述能力的孩子，對他們的要求應該高一些，逐步要求他們做到：敘述一件事情，要有頭有尾，有原因有結果，核心意思要突出，有條有理，說話清楚明白，乾淨俐落，不重複囉嗦，用詞準確、恰當，沒有語病，不帶口頭禪。一般說來，複述水準高的孩子，敘述水準也往往較高，因此一開始可以多進行複述訓練。

低年級孩子的敘述訓練，可以在日常生活中進行。例如，孩子放學回家，讓孩子敘述一下學校當天發生的事情。帶孩子參觀了一個展覽，逛了一個公園，回來後都可以讓孩子進行一下敘述。有些活動是家長和孩子一起參加的，孩子敘述這種活動時，家長就可以幫助孩子組織資料，啟發孩子應該先講什麼，再講什麼。孩子如果敘述的有條有理，家長則應予以鼓勵，並進一步引導孩子如何把事情敘述得具體生動。無論孩子是敘述問

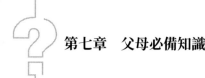

題，還是平常和父母講話，家長都應該注意孩子講話的語句是否通順，並及時糾正孩子的語病。

在訓練孩子說話的過程中，要注意幫助孩子豐富詞彙。剛入學的孩子，一般來說，他們所掌握的詞彙數量不多，品質不高，而且是具體詞彙較多，抽象詞彙較少。家長幫助孩子不斷豐富詞彙的方法有三種：一是幫助孩子鞏固和掌握好在課堂中老師教過的詞彙，能夠在實際生活中運用。二是幫助孩子理解、掌握在日常生活中閱讀課外書、報刊和聽廣播等遇到的詞彙，並且做到會應用。三是結合孩子生活中看到的一些現象，教給孩子一些詞彙。

一般來說，小學和國中的孩子，知識面還比較窄，他們在看書、讀報、聽廣播時，難免有不理解的詞彙，碰到這種情況，應該讓孩子借助工具書或向別人請教，一定要弄懂。懂了只是第一步，還要做到會用。最好讓孩子把新學的詞彙記在本子上，經常使用。這樣每隔一段時間，孩子就能學會一批新詞。理解了而且能夠應用，才能說是真正的掌握了。

特別需要指出的是，訓練孩子的口語表達能力，不僅僅為寫作打下了良好的基礎，對發展孩子的智力也是大有益處的。有的研究者根據觀察到的大量事實，把「用語流利而正確」列為資優兒童的第一個表現。因此，我們更應重視孩子口語表達能力的訓練。

二、寫好日記和片段

要提高口語表達能力，必須要多聽、多看、多說。要提高寫作能力，也必須要多聽、多看、多寫。多聽，也就是多聽聽別人是怎樣講話，多聽聽別人（讀出來）的文章。多看，就是要多看書，多看報，多注意觀察周圍的事物。多寫，就是要多動筆練習寫作。

寫日記是積累詞彙量的一種方法。每天把自己的所見所聞以及感受寫下來，時間長了，就可以積累起豐富的表達素材。

初學寫日記的孩子，往往無從下筆，不知該寫點什麼。有些孩子，雖然在學校聽老師講過怎樣寫日記，可寫出來的日記，不是千篇一律的流水帳，就是空洞無物，沒有什麼內容。因此，對初學寫日記的孩子，父母應該給以具體的指導和幫助。

可以教孩子把某天內看到的、聽到的、所做的事寫下來，家長可以幫助孩子選擇素材，並且把寫得不具體不詳細的地方指出來。剛開始可以和孩子一起寫，以後可以讓孩子自己寫。家長在檢查孩子的日記時，要注意句子是否通順，用詞是否確切，標點是否正確，有無錯別字，對其錯誤要及時加以糾正。熟能生巧，只要堅持不懈寫下去，文字表達能力一定會有很大提高。

孩子初學寫作文時，很難一下子把文章寫得條理清楚，可以多讓孩子練習寫片段，片段寫多了、寫好了，對提高整篇文章的水準是很有幫助的。孩子初學寫片段，可以就某一件事或某一景物，進行敘述或描寫，反覆練習。

培養孩子的記憶力

記憶，是「用人類創造的全部知識來豐富自己的頭腦。」如果一個人沒有記憶，那麼他每次都要重新去認識那些已經經驗過的事物，他的心理將永遠處於混沌初開的新生兒狀態，更不用談什麼適應環境、改造環境，就連獨立生活也談不上了。

記憶是否迅速，保持得是否長久，記得是否精確，回憶起來是否容易，是衡量一個人記憶能力的標準。

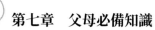

一個人只要大腦正常，其記憶的潛力很大，可以容納全世界圖書館藏書的信息量，這說明了我們對自己的記憶潛力的挖掘是遠遠不夠的。即使我們的記憶品質很好，也都還存在著加強學習，多多運用記憶規律來發揮自己潛力的問題。

家長可以教育孩子按照以下幾個方法來培養記憶能力。

一、**提高記憶的目的性和自發性**。國中生與小學生相比，應主動、自發的制訂學習和記憶的任務，要有長遠的記憶目標和意圖，不要臨時抱佛腳。如果每天記憶一定數量的資料，日積月累，持之以恆，既能豐富知識經驗，又鍛鍊了記憶能力。

二、**養成多感官協同記憶的習慣**。在記憶過程中，把看、聽、念、寫都利用上，做到眼到、耳到、嘴到、手到。例如學習外語單字，最好邊聽、邊讀、邊看、邊寫，這比單純用眼看或耳聽記憶效果好。

三、**培養自我檢查的能力和習慣**。自我複述、自我回憶、自問自答、互問互答、獨立作業、自我書面測驗、自我抽查等都是自我檢查的有效方式。另外，在沒有完全熟記資料以前就試圖重現資料，是提高記憶效果的有效方法。須注意的是，在重現時一旦發現錯誤，一定要及時糾正。

四、**訓練正確的記憶方法**。正確的記憶方法不僅能增強記憶防止遺忘，而且能訓練思考，以思考促進記憶，從而提高掌握知識的品質。

指導孩子合理利用時間

有的孩子懂得安排時間，每天該做什麼就做什麼，井井有條；有的孩子不會安排時間，每天手忙腳亂，功課還是沒有學好。這是為什麼呢？原來，安排時間的學問也多得很。

讓孩子學會安排時間，有幾條注意事項可供參考：

一、**教給孩子要有運籌的概念**。什麼叫「運籌」？就是透過合理的安排，使時間得到充分利用。比如，早晨起床後，要先讓孩子把鍋擺在瓦斯爐上；一邊燒開水，一邊洗臉刷牙了；然後整理一下房間；等鍋裡的水開了，抽空放進要煮的東西；讀一會課文或背一些單字後，早餐也煮熟了。這樣安排時間，能夠使一些可以並行的事同時並進，走「同步」，而不致「單線行進」，乃至於浪費時間。

二、**要幫助孩子定一個時間表，什麼時間起床，什麼時間睡覺，什麼時間休息、娛樂，進行體育鍛鍊，要做合理的安排**。孩子的頭一項重要任務是長身體，要留有足夠的藝文體育活動時間。教育孩子要持之以恆，遵守時間表，養成珍惜時間的習慣。

三、**檢查孩子的時間是怎麼花費的**。很多事情，不查不知道，一查嚇一跳。時間這種東西，最容易從身邊溜走。因此，當你發現孩子不珍惜時間時，可以幫他進行一下統計，發現漏洞，及時彌補。小段時間，最容易被人忽視，殊不知，聚沙可以成塔。充分利用小段時間，可以學到不少知識。

四、**教育孩子，掌握今天**。明日還沒到來，昨日已不可追，只有今天人們有主動權。因此，對孩子提醒「掌握今天」，是很有作用的。

五、**要孩子保持時間安排上的彈性**。任何事情都是一樣，不能不留有餘地。時間安排需有張有弛。不要看到孩子貪玩，就一下子把時間卡得死死的，連星期天也不准孩子玩。這樣就可能走到你本來願望的反面。所以，讓孩子該緊張時緊張，該鬆弛時鬆弛，是保證孩子身心健康發展的需要，這一點不可忽視。

六、**要利用最佳學習時間**。孩子的大腦發育尚不完善，比起成人來，

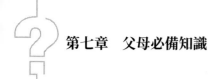

更容易疲勞。因此學習時間不宜過長。

　　人的大腦是興奮和抑制不斷交替進行的。大腦皮質的興奮狀態是在充分休息（即抑制）以後才能出現的。學習只有在大腦皮質處於興奮的狀態下才能進行。

　　兒童的大腦皮質在什麼時間處於活動狀態，能取得最佳學習效果呢？一日之計在於晨。經過一夜的睡眠，大腦在抑制狀態下獲得了新的能量，所以兒童在上午九到十一時學習效果最好。

特殊才能的開發

一、要善於發現孩子的特殊才能。

　　善於發現孩子的特殊才能，然後加以培養與引導，是每一個做父母的天職。兒童天賦的發展與父母關係極為密切。

　　英國偉大的數學家、物理學家馬克士威之所以會在數學、物理兩大領域取得成功，與其幼年時父母發現他的天賦有關。有一次，他的父母讓馬克士威對著插滿金菊的花瓶繪畫，意外的發現他畫的竟是幾何圖形，花瓶是梯形，菊花是圓形，葉子是三角形，顯露了他在數學上的天賦，於是加以培養，以後一舉成名。

　　由此可見，孩子的天賦是在日常生活和學習中流露的。一般來說，天賦的早期表現有如下三種形式：

　　（一）**偏愛**。對某類事物發生興趣，特別偏愛。例如特別喜歡圖畫，或專愛磨墨寫毛筆字，或熱衷於彈弄樂器等。這種偏愛與其他行為相比顯得十分突出。

　　（二）**敏感**。對某些事物特別敏感。例如：一聽到音樂便會專心致志的聽；一聽到書刊出版消息便會想要購買；一聽到哪有某項講

座便會趕著去聽等。這種敏感與其他行為相比顯得十分專一，具有一定的特徵。

（三）**探索**。對某些事物會鍥而不捨的探索。例如專門喜歡鑽研數學，特別愛好化學實驗等等。此外，探索還有另一種表現，即對某一題材的內容不厭其煩的詢問，或者凡是有不明白的事總要問個明白。

根據這些天賦的表現，父母可以有意識的從孩子的日常生活和學習中觀察出孩子可能具有某方面的天賦。比如從遊戲中，從講故事中，從談話中，從旅遊中，從日常生活中去觀察孩子在動物、植物、礦物、數學、物理、化學、文學等哪方面具有天賦；也可以有意識的讓孩子接觸某些事物，例如寫字、繪畫、音樂、運動、演講等，為孩子創造接觸這些事物的條件與環境，看看孩子對哪一樣特別感興趣，哪一樣會持之以恆的繼續下去，哪一樣成績會突飛猛進，天賦在哪裡，做到心中有數。

二、要因勢利導的培養特殊才能。

特殊才能在早期就被家長發現並得到開發的兒童，往往會成長為特殊人才。因此做家長的應注意自己孩子的特長，有意識的加以鼓勵和培養。一般來說，特殊才能主要可歸納為六大類，家長可在相應方面 進行有意識的培養。

（一）**語言才能**。具有語言天賦的孩子表現出特別突出的語言表達能力，他們能用自己的語言編講故事，喜歡背誦詩、寫詩，很小就會自己學著閱讀。對這樣的孩子，家長應提供較多的書籍，經常給他讀一點書，以進一步發展這方面的能力。

（二）**音樂才華**。有音樂天賦的孩子對音樂和歌曲十分敏感，很小就

能入神的傾聽音樂，並有節奏感，會打拍子，還會哼唱歌曲等。對於這類孩子，家長應創造培養音樂才能的條件。

（三）**空間想像能力**。這類孩子對物體的形狀、大小、方位、遠近等空間特性的知覺特別好。對於這類孩子應及早提供紙筆，指導他們作畫；提供剪刀等器具，指導他們剪貼、雕刻等。

（四）**數理邏輯才能**。這類孩子喜歡抽象概念，對等值、數量反應敏捷，擅長下棋、玩撲克牌、數數等。對於這樣的孩子，要經常購置一些有數理邏輯的遊戲玩具給他們玩耍，培養他們下棋、玩牌的技巧等。

（五）**身體運動天賦**。身體運動天才包括能優雅的駕馭自己的身體動作和熟練靈巧的操縱物體，這樣的人大多能培養成心靈手巧的技師或成為才藝突出的運動員或舞蹈家等。做家長的應有意識的創造條件，進行這方面的培養和訓導。

（六）**交際的才能**。這類孩子從小就有活潑的性格，適應能力較強。做家長的若注意正確引導，為他創造與外界接觸機會，將來有可能成為很有交際能力的「公關」人才。

如何回答孩子提出的問題？

有些家長對孩子的提問採取敷衍的態度，給孩子一些不合理的知識，這是非常有害的。例如，七歲的明明跟爸爸去玉山玩，他問爸爸：「玉山怎麼這麼漂亮呀？誰創造的？」爸爸順口答道：「是玉皇大帝造出來的。」六歲的小莉問媽媽：「什麼是霍去病？」，媽媽不加思索的張口就說：「霍去病你還不知道嗎？就是把霍亂這個病去掉嘛！」霍去病是歷史上有名的大將軍，而這位媽媽卻說成是一種病，而且竟然用這種錯誤的知識教孩

子，真讓人哭笑不得。

一般來說，對於孩子的提問，要根據他們的年齡特徵，考慮他們的生活經驗、知識狀況和適應水準，用孩子能理解的、簡單明瞭的語言回答。特別是幼小的孩子他們的問題本來就十分簡單，比如「這是什麼？」、「能不能吃？」、「那是什麼？」、「做什麼用的？」回答也要同樣簡單，「這是肉，可以吃。」、「那是鐘，看時間用的。」而不必回答出這是豬肉還是牛肉，那是鬧鐘還是掛鐘等。對於一些稍大一些的孩子提出的問題，回答也應該力求簡單明瞭，不要作長而複雜的解釋。比如孩子問：「什麼是公車？」、「什麼是電車？」，就應該回答得簡單明白：「公車頂上沒有兩條『辮子』，電車頂上有兩條『辮子』，公車和電車下面都有幾個圓圓的輪子，上面是大房子，它們都是用來運送叔叔和阿姨上、下班或到別的地方去的。」

當孩子提出的問題不太難的時候，家長還可以啟發他們利用自己已有的知識和經驗，透過自己的觀察或實驗來回答自己提出的問題。比如孩子問「燕子晚上在哪兒睡覺？」時，若有條件的話就可以讓他自己到屋簷附近去觀察。這樣孩子就會知道燕子的家在屋簷下，從而讓自己提出的問題順利得到了解答。再比如說，有個孩子問媽媽，「為什麼夏天都穿淺顏色的衣服？冬天穿深顏色的衣服？」媽媽就告訴孩子，淺顏色的衣服比深顏色的衣服吸熱慢，所以夏天穿淺顏色的衣服涼快些，冬天穿深顏色的衣服暖和些。孩子又問，「您怎麼知道淺顏色的衣服比深顏色的吸熱慢？」這時媽媽就可以分別用黑色布和白色布包兩塊大小完全相同的冰塊，放在太陽底下晒，然後讓孩子看看哪個包裡的冰化得快。這樣既可滿足孩子的好奇心和求知慾，又用生動、直觀的方式回答了孩子提出的問題。

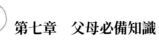

多向幼兒提些啟發性問題

　　為了豐富幼兒的知識，促進其智力發展，家長除了盡量滿足孩子的各種提問外，還應該在日常生活中主動的、有意識的和孩子交談，向他們提出一些問題，引導他們觀察事物、發現問題、分析問題，激發他們求知的興趣和慾望。家長向孩子提問時，不僅要注意數量，更要重視提問的品質，講究提問的藝術。因為不同類型的提問所起的作用不同，提問的深度決定了幼兒智力活動的深度。比如春天帶孩子郊遊時提問：「榆葉梅的形狀是什麼樣的？」作用是引導幼兒有意識的觀察，發展其觀察力。從動物園回來後問：「小猴子是怎樣自己剝香蕉吃的呀？」作用是培養幼兒的記憶力和語言表達能力。類似於這些從幼兒直接感知的事物出發而提出的各種問題，對於發展幼兒的觀察力、想像力和記憶力是有益的。但如果家長的提問僅僅局限於「這是什麼？」、「那是什麼？」這種簡單的、幼兒不需做太多努力就能回答的問題，對於發展幼兒的思考能力，特別是抽象思考能力則是很不夠的。除了進行那些一般性的提問外，家長應該根據孩子的心理發展水準，逐漸加深提問的難度，使孩子在回答問題的過程中進行一些較為複雜的思考活動。比如在孩子學習了有關野獸的知識後，可以提問：「小松鼠是不是野獸？」在孩子學了有關少數民族的知識後可以提問：「蒙古族人為什麼住蒙古包而不住磚砌的房子？」這樣的提問都具有一定的思考難度，幼兒很難一下子回答上來，必須運用已有的知識和經驗，經過大腦的分析、綜合活動，在舊知識與新事物間建立關聯性，才能解決新問題。如果幼兒能夠經常進行這樣的思考活動，抽象思考能力將會得到較大的發展。所以家長在和孩子交談中，應盡量多提些啟發性問題。當然，進行這樣的提問應根據孩子的實際情況，切莫提出高於孩子接受能力的高深

問題。超出幼兒知識範圍和心理水準的提問只能抑制孩子的思考，壓抑他們的求知慾。

透視教養！從案例到測試，解析問題父母：
實例引導與自測問卷，探究有效的親子溝通與教養

| 編　　著：方佳蓉，肖光畔 |
| 發 行 人：黃振庭 |
| 出 版 者：複刻文化事業有限公司 |
| 發 行 者：複刻文化事業有限公司 |
| E-mail：sonbookservice@gmail.com |
| 粉 絲 頁：https://www.facebook.com/
sonbookss/ |
| 網　　址：https://sonbook.net/ |
| 地　　址：台北市中正區重慶南路一段六十一號八樓
815 室 |
| Rm. 815, 8F., No.61, Sec. 1, Chongqing S. Rd.,
Zhongzheng Dist., Taipei City 100, Taiwan |
| 電　　話：(02)2370-3310 |
| 傳　　真：(02)2388-1990 |
| 印　　刷：京峯數位服務有限公司 |
| 律師顧問：廣華律師事務所 張珮琦律師 |

版權聲明

本書版權為作者所有授權崧博出版事業有限公司
獨家發行電子書及繁體書繁體字版。若有其他相
關權利及授權需求請與本公司聯繫。

未經書面許可，不得複製、發行。

定　　價：350 元
發行日期：2024 年 02 月第一版
◎本書以 POD 印製

國家圖書館出版品預行編目資料

透視教養！從案例到測試，解析
問題父母：實例引導與自測問卷，
探究有效的親子溝通與教養 / 方
佳蓉，肖光畔 編著 . -- 第一版 . --
臺北市：複刻文化事業有限公司，
2024.02
面；　公分
POD 版
ISBN 978-626-7426-47-0(平裝)
1.CST: 親職教育 2.CST: 子女教育
3.CST: 親子溝通 4.CST: 家庭關係
528.2　　113000907

電子書購買

臉書

爽讀 APP